Ausgeschieden
Öffentl. Bücherei

Hans Otzen
Kirchen und Klöster rund um Bonn

ISBN 3-416-02988-7

© Bouvier Verlag Bonn 2001
© General-Anzeiger Bonn 2001

Alle Rechte vorbehalten.
Ohne ausdrückliche Genehmigung des Verlages ist es nicht
gestattet, das Buch, oder Teile daraus zu vervielfältigen oder
auf Datenträgern aufzunehmen.

Konzeption und Realisation:
Hans-Dieter Weber, General-Anzeiger Bonn

Layout und Satz:
ARTCOM, Königswinter, Ruth Jungbluth

Lithografie:
ARTCOM, Königswinter, Petra Hammermann,
Tanja Küppershaus, Andrea Lacey

Druck und Einband:
Ellwanger Bayreuth

Titelfoto:
Wolfgang Siedschlag

Gedruckt auf säurefreiem Papier

Kirchen und Klöster rund um Bonn

Text: Hans Otzen

Fotos: von Leserinnen und Lesern des General-Anzeigers

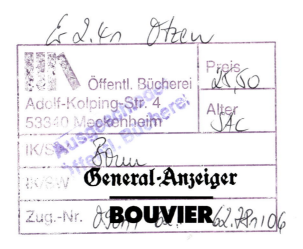

General-Anzeiger · Bonn   Bouvier-Verlag

Inhalt

Vorwort 6

Einleitung
Bonner Kirchengeschichte 7
Die Anfänge des Christentums in Bonn 8
Territoriale Entwicklung im Mittelalter 9
Frühe Kirchen in Bonn 10
Reformation und Gegenreformation 11
Stifte und Klöster 13
Evangelische Gemeinden in vornapoleonischer Zeit 15
Von Napoleon bis zur Neuzeit 16

Kirchen und Klöster im Bonner Zentrum
Das Bonner Münster 20
St. Remigius 28
Namen-Jesu-Kirche 34
Schlosskapelle 38
Kreuzkirche 42
Friedhofskapelle 46
Lutherkirche 50
Collegium Albertinum 52

Kirchen und Klöster der Bonner Stadtbezirke
Kreuzbergkirche, Ippendorf 56
St. Elisabeth, Südstadt 62
Amerikanische Kirche, Bad Godesberg 66
St. Maria und St. Clemens, Schwarzrheindorf 70
St. Peter, Vilich 78
St. Gallus, Küdinghoven 82
St. Paulus, Beuel 86
Michaelskapelle, Bad Godesberg 90
Alte Pfarrkirche St. Martin, Muffendorf 94
St. Aegidius, Buschdorf 98

Christuskirche, Plittersdorf 102
Rigal'sche Kapelle, Bad Godesberg 106

Rechtsrheinische Kirchen und Klöster bei Bonn

St. Johann Baptist, Bad Honnef 108
St. Remigius, Königswinter 112
Peterskapelle, Petersberg 116
Klosterruine Heisterbach 120
Abtei St. Michael, Siegburg 126
St. Servatius, Siegburg 132
St. Katharina, Blankenberg 136
St. Agnes, Merten 140
St. Pankratius, Oberpleis 144
Kloster Nonnenwerth 150

Linksrheinische Kirchen und Klöster bei Bonn

Nepomukkapelle, Wachtberg-Holzem 156
St. Petrus, Lüftelberg 160
St. Martin, Rheinbach 166
St. Simon und St. Judas, Wachtberg-Vilip 170
St. Walburga, Walberberg 174
Kloster Walberberg 178
Versöhnungskapelle, Merzbach 182
Evangelische Kirche Flamersheim 186

Kirchen und Klöster an der Ahr und in der Eifel

St. Chrysanthus und Daria, Bad Münstereifel 190
St. Peter, Sinzig 196
St. Laurentius, Ahrweiler 200
Maria Verkündung, Altenahr 204
Abtei Maria Laach 208

Glossar 214

Personenregister 216

Fotonachweis 219

VORWORT

Das Kurfürstentum Köln konnte sich im Mittelalter als mächtigste und wohlhabendste Kirchenprovinz des Heiligen Römischen Reiches Deutscher Nation etablieren. Schenkungen und Stiftungen von Kaisern und Erzbischöfen, die später Bonn sogar als ihre Residenzstadt auserkoren, verdankt der Bonner Raum seine so vielen architekturhistorisch wertvollen Sakralbauten, die weitgehend erhalten geblieben und meist auch vorbildlich restauriert sind. In diesem Zusammenhang sind in erster Linie das Bonner Münster, aber etwa auch die Remigiuskirche, die Doppelkirche von Schwarzrheindorf und die Abtei und die Servitenkirche in Siegburg zu erwähnen.

Ordensgemeinschaften hatten auch guten Grund, sich in Bonn niederzulassen. Hier wurden sie von den Erzbischöfen besonders gefördert. Dies galt für die Zeit des Mittelalters als auch insbesondere für die Zeit nach den Glaubensauseinandersetzungen des späten 16. Jahrhunderts, unter denen Bonn besonders zu leiden hatte. Hier war es insbesondere Kurfürst Ferdinand, der von 1612 bis 1650 in der Stadt residierte, und zur Unterstützung der Gegenreformation wieder viele Orden nach Bonn rief. Es soll damals in Bonn sogar mehr Klöster als im gesamten Mittelalter gegeben haben!

Aufgang zur Oberkirche der Doppelkirche Schwarzrheindorf

Das von der mittelalterlichen Kirchengeschichte, von Reformation und Gegenreformation, Säkularisation und Kulturkampf geprägte Bonner Ordensleben ist bis heute noch in Orts- und Straßennamen der Stadt präsent. Hierzu schreibt Irmgard Wolf im *General-Anzeiger*: „Graurheindorf heißt nach dem grauen Habit der Zisterzienserinnen, die dort seit dem 12. Jahrhundert lebten. Auch in Schwarzrheindorf spielte die Ordenstracht eine prägende Rolle. Dort wohnten und wirkten die schwarzgewandeten Benediktinerinnen. Die Brüdergasse ist nach den Minoriten benannt, die Erzbischof Engelbert 1274 von Köln nach Bonn rief. Auch Franziskaner und Kapuziner gaben Straßen ihren Namen."

Dieses Buch über die „Kirchen und Klöster rund um Bonn", das natürlich nur eine Auswahl der Sakralbauten der Region bieten kann, ist in Fortsetzung der vorangegangenen Bücher über die „Landschaften rund um Bonn" sowie die „Burgen und Schlösser rund um Bonn" wiederum in Zusammenarbeit zwischen dem *General-Anzeiger* und dem Bouvier Verlag entstanden. Leser des *General-Anzeigers* haben die Fotos zu diesem Buch beigesteuert.

Einleitung

Bonner Kirchengeschichte

Sagenumwoben sind die Anfänge des Christentums im Bonner Raum. Die frühesten Ansätze sind bei den römischen Legionären zu finden, die in der Castra Bonnensia nördlich der heutigen Bonner Innenstadt stationiert waren. Da das kaiserliche Rom im aufkommenden Christentum eine Gefährdung seiner Machtstellung sah, wurden die Anhänger dieser neuen Glaubensrichtung zunächst nachhaltig verfolgt. Zur Durchführung dieser Verfolgungen wurde von Kaiser Maximilian die Thebäische Legion gegründet. Die Legion weigerte sich später aber, dieser Aufgabe nachzukommen, weil ihre Soldaten sich zum Christentum bekannten. Zwangsläufig starben sie den Märtyrertod – unter ihnen Cassius, Florentius und Mellusius, die Bonner Märtyrer, die vor den Mauern der Castra Bonnensia beerdigt wurden. Später soll die Kaiserin Helena, die Mutter Konstantin des Großen, bei den Gräbern von Cassius und Florentius eine Kirche errichtet haben.

In der Tat haben archäologische Untersuchungen in den Jahren 1928 bis 1930 ergeben, dass ein solches Martyrium im Bonner Raum vor Ende des 3. Jahrhunderts als historisch gesichert angesehen werden kann. Mit diesen Ausgrabungen konnte neben den römischen Steinsarkophagen, die das ganze Mittelalter über als Gräber der Märtyrer verehrt wurden, eine Totenkultstätte aus der 2. Hälfte des 3. Jahrhunderts freigelegt werden. Der legendären Kirche der Kaiserin Helena folgten

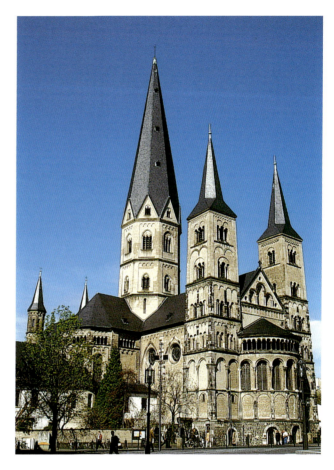

Gesamtansicht Bonner Münster

größere Bauten, um der zunehmenden Heiligenverehrung gerecht werden zu können, und denen auch ein Kloster angeschlossen war, das nach den Aachener Kanonikerregeln betrieben wurde – dies war das Cassiusstift, das zu den angesehendsten des Kölner Erzbistums zählte und entsprechend begütert war. Ausdruck dieses Reichtums war der Bau des Bonner Münsters als einer der großartigsten Sakralbauten des gesamten Rheinlandes am Standort der Heiligengräber des Cassius und des Florentius.

Einleitung

*Der General-Anzeiger berichtet
über das mittelalterliche Bonner Klosterleben:*

Das um die erste Jahrtausendwende bei der Dietkirche gegründete Kloster war gemäß Schenkungsurkunden Kaiser Heinrich II. aus den Jahren 1015 und 1021 ein Benediktinerinnenkonvent.

Schon vom frühen Mittelalter an wurden Töchter adeliger oder reicher Familien, die voraussichtlich nicht zu verheiraten waren, in Klöstern untergebracht. Diese „Vorsorgemaßnahmen" drückten teilweise die Moral in den Konventen erheblich.

Aus Urkunden und Briefen um Mitte des 12. Jahrhunderts wissen wir, dass sich die Zucht im Kloster Dietkirchen gelockert hatte und die Verwaltung der Außengüter mangelhaft gehandhabt wurde. Der Papst veranlasste deshalb eine gründliche Visitation des Konvents. Als Ergebnis wird dem Pabst geraten, die Äbtissin abzusetzen, denn ohne die Entfernung dieser persona omni prudenti et omnibus virtutibus mutilata (= Person, der jede Weisheit und Tugend fehlt) könnten die Zustände im Kloster nicht gebessert werden.

Offensichtlich wurde diese Äbtissin auch bald abgesetzt, denn ab 1163 war in Dietkirchen die Äbtissin Irmintrudis von Myllendonck im Amt. Sie ging sofort an das Ordnen der gelockerten Ordensverhältnisse. Innerklösterlich bedeutete dies, dass sie den Konvent wieder voll der regula sancta benedicti unterstellte. Für die materielle Versorgung des Konvents bestand ihr großes Verdienst darin, dass es ihr gelang, alle zeitweilig dem Kloster entfremdeten Außenhöfe wieder in dessen volle Verfügbarkeit zurückzuführen.

Die Anfänge des Christentums in Bonn

Die Entstehung der ersten Bonner Pfarrgemeinde ist nicht exakt zurückzuverfolgen. Möglicherweise schon zu spätrömischer, aber auf jeden Fall zu frühfränkischer Zeit bildete sich im Bonner Römerlager eine christliche Gemeinde, die in dessen südwestlicher Ecke eine Volkskirche (Dietkirche entsprechend der Sinngebung des Vornamens Diet(h)er nach althochdeutsch diot = Volk und heri = Heer) errichtet wurde.

Doch auch für die weitere kirchliche Entwicklung waren die Siedlungsverlagerungen im Bonner Raum von Bedeutung. Zunächst hatten sich südlich des römischen Lagers Handwerker und Kaufleute angesiedelt, die schon bald eine Vorortsiedlung entstehen ließen. Doch auch an anderen Stellen im Bonner Rheinland haben vielfältige Funde römische Besiedlungen nachgewiesen.

Mit dem Ende des Römischen Reiches drangen fränkische Siedler in das Rheinland ein. Dieser Besiedlungsprozess zog sich über Jahrhunderte hin, und nicht überall ließen sich die Franken genau an der Stelle vorangegangener römischer Besitzungen nieder. Im Falle des Bonner Römerlagers erfolgte eine Schwerpunktverlagerung an die Stelle, wo die Gebeine der Heiligen Cassius und Florentius ruhten. Das durch die alten römischen Lagermauern begrenzte Dorf um die Dietkirche war durch den Abzug der Legionäre auch um seine wirtschaftliche Basis gebracht worden. Dagegen entwickelte sich im Bereich der Märtyrergräber außerhalb des ehemaligen Lagers eine villa basilica, wie der Bereich um die Märtyrergräber genannt wurde, als expandierende Händlersiedlung mit dem Mittelpunkt der 780 zum Stift ausgebauten Cassiuskirche. Damit besaß das Marktdorf Dietkirchen mit dem im Jahre 1015 gegründeten Damenstift nur noch den Charakter einer Vorortsiedlung der vicus bonnensis, denn die Bezeichnung des ehemaligen Römerlagers war längst auf die neue Stiftssiedlung übergegangen.

Territoriale Entwicklung im Mittelalter

Inzwischen hatten sich unter Führung der Kölner Erzbischöfe die Machtverhältnisse im Bonner Raum entscheidend verändert. Die kaiserliche Zentralgewalt war mit den Nachfahren Karls des Großen in den Hintergrund getreten. Die Pfalzgrafen hatten die faktische Herrschaft über den südlichen Teil des Erzbistums gewonnen. Doch Erzbischof Bruno (953–965) gelang es, das Gebiet von Godesberg und Bonn für Köln zurückzugewinnen. In der weiteren Auseinandersetzung wurden die Pfalzgrafen nach Süden in die heutige Pfalz zurückgedrängt, und spätestens seit Erzbischof Anno (1056–1075) war die südliche Kölner Bucht fest in der Hand des Kölner Erzstiftes – seinem Vorgänger Erzbischof Hermann II. (1036–1056) war es nämlich gelungen, unter anderem die Tomburg bei Rheinbach, die den Pfalzgrafen seit dem 10. Jahrhundert als wehrhafter Vorposten gegen die Erzbischöfe diente, zu erobern.

Erzbischof Dietrich von Heinsberg (1209–1224) ließ 1210 die Godesburg errichten, die das südliche Territorium Kölns und den Zugang in das damals strategisch wichtige Ahrtal absicherte. Hier herrschten die Grafen von Are-Hochstaden, die ihren Besitz an der mittleren Ahr 1244 dem Erzbistum Köln vermachten. Dies rief die Grafen von Jülich auf den Plan, die mit diesem Machtzuwachs der Kölner keinesfalls einverstanden waren und ihre Besitzungen um Hilberath, Oberdrees, Odendorf und Ollheim bedroht sahen. Hieraus entwickelte sich ein Streit um die Besitzrechte von Münstereifel, der letztendlich 1265 zugunsten der Jülicher ausging.

Doch inzwischen mehrten sich auch die innenpolitischen Schwierigkeiten der Erzbischöfe. Es spitzen sich nämlich die Auseinandersetzungen zwischen den Kölner Patriziern und den Erzbischöfen um die Machtverhältnisse in der Stadt selbst zu.

Romanische Kirche Alt-St. Martin in Muffendorf

Einleitung

Hierin sahen die Jülicher ihre große Chance. Am 5. Juni 1288 kam es zur Entscheidungsschlacht zwischen den Kölner Bürgern, denen sich die Jülicher samt ihren Verbündeten Berg, Mark und Tecklenburg angeschlossen hatten, gegen den Erzbischof mit seinen Verbündeten aus Geldern, Luxemburg und Nassau. Mit dieser Schlacht wurde nicht nur der Luxemburger Erbfolgestreit beendet, sondern es obsiegten auch die Kölner Bürger über ihren Erzbischof – dieser musste nunmehr Köln verlassen und nahm Sitz in Bonn. Damit war die Grundlage für Bonn als Residenz der Kölner Erzbischöfe gelegt.

Frühe Kirchen in Bonn

Die Stiftskirche der Heiligen Cassius und Florentius hatte sich schon längst zum geistigen, kulturellen und politischen Zentrum der wachsenden Siedlung Bonn entwickelt. Die Leitung der Klerikergemeinschaft am Stift oblag einem vom Kölner Erzbischof ernannten Probst. Dieser Probst vertrat den Erzbischof in seinem gesamten südlichen Zuständigkeits- und Machtbereich – entsprechend stark war auch seine Position. Sie wurde auch weltlich gestärkt, als dem Bonner Cassiusprobst zusätzlich das Gerichtsrecht über die Stadt verliehen wurde.

Angesichts der zunehmenden Spannungen zu den Kölner Patriziern, hatten sich die Kölner Erzbischöfe schon längst nach Verbündeten im eigenen Herrschaftsbereich umgesehen – so ordnete der Erzbischof 1244 die Befestigung der Stadt Bonn an, eine Maßnahme, die von den Bonner Bürgern außerordentlich begrüßt wurde, hatten sie doch sehr unter vorangegangenen Plünderungen ihrer bis dahin offenen Stadt zu leiden gehabt.

Skulptur vor der Pfarrkirche St. Johann Baptist in Bad Honnef

Zu diesem Zeitpunkt war das Bonner Münster schon weitgehend fertiggestellt. Darüber hinaus besaß Bonn die Pfarrkirche St. Martin, die um 1140 südöstlich des Münsterchors als Gotteshaus in Form einer romanischen Rotunde errichtet worden war. Im Zuge der napoleonischen Wirren unterblieben dringend erforderliche Restaurierungsarbeiten, so dass der Gottesdienst seit 1804 aus der Martinskirche in die Stiftskirche verlegt werden musste, die damit auch das Martinspatrizium übernahm – und seither das Münster St. Martin heißt. 1812 stürzte die Rotunde der Martinskirche ein, so dass der Bau abgerissen werden musste – ihr Grundriss ist in das Straßenpflaster eingelassen.

Unterhalb des Münsters entstand im 12. Jahrhundert die Pfarrei St. Gangolf. Diese wurde 1806 aufgehoben und die dazu gehörige alte Kirche abgebrochen. Im Jahre

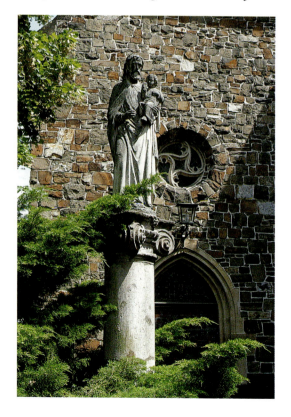

Einleitung

Pfarrkirche St. Peter in Beuel-Villich

1274 wurde zusätzlich mit dem Bau der Pfarrkirche St. Remigius begonnen.

Nicht unerwähnt sollen die zwei Königskrönungen bleiben, die im 14. Jahrhundert im Bonner Münster vorgenommen wurden. An sich war der Aachener Dom die traditionelle Krönungskirche der deutschen Herrscher, doch immer wenn Gegenkönige antraten, verweigerte sich Aachen. So war es beispielsweise im Herbst 1314 nach dem Tod Heinrichs II. zur Doppelwahl gekommen, denn die sieben Kurfürsten hatten sich als „Königs-Wahlmänner" nicht einigen können. Der Kölner Erzbischof hatte in seiner Doppeleigenschaft als Kurfürst und vorschlagsberechtigter Koronator Friedrich den Schönen aus dem Hause Habsburg vorgeschlagen. Zur Krönung in Aachen kam aber am 24. November 1314 der andere Kandidat Ludwig der Bayer. So musste der Kölner Erzbischof Heinrich von Virneburg die Krönung seines Kandidaten Friedrich im Münster seiner Residenzstadt Bonn vornehmen – doch Friedrich konnte sich als König nie durchsetzen.

Im Jahre 1346 trat mit dem Luxemburger Karl IV. erneut ein Gegenkandidat gegen Ludwig den Bayern an, der sich inzwischen mit dem Papst zerstritten hatte. Karl war bereits zuvor in Reims gewählt worden, und am 26. November nahm Erzbischof Walram von Jülich die Krönung Karls im Bonner Münster vor. Es soll ein großes Volksfest gewesen sein, das aus diesem Anlass gefeiert wurde – zu Recht, denn Karl konnte sich durchsetzen und wurde später auch zum Kaiser erhoben.

Reformation und Gegenreformation

Bonn spielte seit dem Ende des 13. Jahrhunderts eine immer größere Rolle als Residenzstadt der Kölner Kurfürsten. Sie hielten sich immer öfter im erzbischöflichen Haus neben dem Münster in Bonn auf, das inzwischen auch mit einem Saal und einer Kapelle ausgestattet war. Vier Erzbischöfe ließen sich sogar im Bonner Münster bestatten. 1525 wurde dann die Kanzley, die kurkölnische Verwaltung, komplett von Brühl nach Bonn verlegt. Auch wirtschaftlich nahm Bonn Aufschwung – es konnte zwar nie eine echte Konkurrenz für Köln werden, nahm aber die Funktion des zentralen Marktes für das agrarische Umland wahr.

Von Bonn aus versuchten auch einige der Erzbischöfe, die Reformation im Kölner Erzstift durchzusetzen. Schon Erzbischof Hermann von Wied ließ 1542 den Reformator Martin Bucer im Münster predigen, und ein Jahr später war Melanchton in Bonn. Doch es regte sich in Kölner Stadtkreisen Widerstand gegen diese kirchenpolitische Wende. Rat, Domkapitel und Universität hielten es eher mit Kaiser Karl V., der alle reformatorischen Prediger aus dem Stiftsbereich vertrieb. Wenig später

Einleitung

Innenansicht der Peterskapelle auf dem Petersberg

wurde Hermann vom Papst seines Amtes enthoben.

Ab dem Jahr 1582 versuchte es Erzbischof Gebhard von Truchseß erneut, im Kölner Erzbistum die Reformation einzuführen. Er bekannte sich öffentlich zum neuen Glauben und beabsichtigte, das Erzbistum in ein reines Fürstentum umzuwandeln. Schon 1583 wurde Gebhard vom Papst abgesetzt. Das Kölner Domkapitel wählte Ernst den Bayern zum neuen Erzbischof und Kurfürsten. Doch Gebhard gab nicht auf. Es kam zur militärischen Auseinandersetzung, dem sogenannten Kölnischen oder Truchsessischen Krieg, in dessen Verlauf 1583 die Godesburg gesprengt wurde, wo sich die Truppen Gebhards verschanzt hatten. Im Laufe dieser Auseinandersetzung nahm Bonn großen Schaden – viel wurde an seinen Häusern und Kirchen zerstört.

Es folgten hundert Jahre Ruhe, in denen sich Bonn weiter entwickeln konnte. Doch am 9. Oktober 1689 wurde die Stadt erneut erschüttert. Französische Truppen unter Befehl Ludwig XIV., der für Frankreich die Rheingrenze erzwingen wollte, erstürmten die Stadt. Viele der Häuser, fast alle Klöster und Kirchen fielen Plünderungen, Bränden und Zerstörungen zum Opfer.

Das 18. Jahrhundert entwickelte sich dann zu Bonns „großem Jahrhundert". Die Stadt erhielt durch die kurfürstliche Bautätigkeit ein neues Gesicht. Kurfürst Joseph Clemens, der durch allzu französenfreundliche Haltung für einige Jahre nach Paris ins Exil ging, kehrte tief beeindruckt von der französischen Schlossbaukunst nach Bonn zurück. Hier ließ er das 1689 von den Franzosen zerstörte Schloss zu einer dreiflügeligen Anlage mit einem südlichen Gartenparterre, dem Hofgarten, ausbauen. Kurfürst Clemens August, der große Baumeister Bonns, erweiterte das Schloss und versah es mit der zum Rhein hin-

Die Türme der Namen-Jesu-Kirche

führenden Galerie mit dem Michaelstor. Doch der große Brand von 1777 vernichtete das Hauptgebäude des Schlosses bis zum Parterre. Später wurde nur der Hofgartenflügel in vereinfachter Form wieder aufgebaut.

Stifte und Klöster

Im Laufe der Jahrhunderte hatten sich eine Reihe von Stiften und Klöstern in und um Bonn angesiedelt. Unter den Stiften war das Cassiusstift das traditionsreichste, das über Bonn hinaus in der gesamten Erzdiözese eine bedeutende Rolle spielte. Darüber hinaus gab es die drei Damenstifte Dietkirchen, Vilich und Schwarzrheindorf. Diese weiblichen Stiftsgemeinschaften hatten nicht nur geistliche Aufgaben, sondern stellten Versorgungsinstitutionen für nicht verheiratete Töchter des Adels oder reicher Bürger dar. Insofern war die Bindung an das Stift nicht vergleichbar streng wie im Kloster. So waren die Stiftsdamen nicht an ein Gelübde gebunden, konnten also wieder austreten, und durften ihr Vermögen behalten.

Die Klostergründungen in und um Bonn erfolgten in zwei ganz entscheidenden historischen Phasen der Stadt – einmal im Hochmittelalter, als sich Bonn zu einer Stadt entwickelte, und zum zweiten im 17. Jahrhundert, nachdem die Kölner Erzdiözese alle Reformationsversuche überwunden hatte.

Am ehesten noch Stiftscharakter hatte der Deutschritterorden, der im Bonner Raum seit 1200 in Ramersdorf und seit 1261 in Muffendorf Niederlassungen unterhielt. Diese Kommenden stellten das wirtschaftliche Rückgrat für die Ordenstätigkeit in Preußen und später in Palästina dar – mit dem Ende der Kreuzzüge war allerdings auch der ei-

Portalrisalit von Kloster Nonnenwerth

gentliche militärische wie gleichermaßen karitative Zweck dieses Ordens hinfällig geworden.

Im Zuge der kirchlichen Reformbewegungen im Hochmittelalter gewannen Bettelorden stark an Bedeutung. So ließen sich beispielsweise die Minoriten 1274 in der Brüdergasse nieder. Zisterzienserinnen siedelten sich 1149 in Graurheindorf an; ihr Kloster unterstand der Leitung des Abtes von Heisterbach. Prämonstratenserinnen hatten ihren Standort im Engeltal – ihr Gebäude wurde 1324 wieder hergestellt – und in Marienforst. Als hier die Disziplin im 15. Jahrhundert nachließ, unterstellte der Erzbischof ihr Kloster den Birgitten.

In der zweiten Phase der Ordensgründungen in Bonn ließen sich 1624 Franziskaner

Einleitung

> *Der General-Anzeiger berichtet über den Kurfürsten und Erzbischof Clemens August, den „Herr der Kirchen":*
>
> *Mit 18 Jahren wurde er Bischof von Münster und Paderborn, mit 23 Jahren Erzbischof von Köln und Bischof von Hildesheim, mit 28 Jahren Bischof von Osnabrück. Die Karriere des Clemens August von Bayern verlief wirklich außergewöhnlich – was auch seine Zeitgenossen deutlich wahrnahmen. „Monsieur de cinq églises", Herr der fünf Kirchen, nannte ihn Friedrich der Große, nicht ohne Spott, und Papst Benedikt XIII. fragte, ob dieser Wittelsbacher etwa alle Bistümer Deutschlands unter seiner Mitra vereinigen wolle.*
>
> *Die steile Karriere hatte Clemens August vor allem dem starken Ehrgeiz seines Vaters, dem bayerischen Kurfürsten Max Emanuel zu verdanken. Der spekulierte auf das Aussterben der Habsburger und darauf, dass dann sein ältester Sohn Karl Albrecht die österreichische Ländermasse erben und Kaiser werden könnte. Um den bayerischen Einfluss im Reich zu stärken und letztlich diesem großen Ziel näher zu kommen, versuchte er möglichst viele Bischofsstühle mit seinen jüngeren Söhnen Philipp Moritz, Clemens August und Johann Theodor zu besetzen.*
>
> *Seine Wahl zum Bischof von Hildesheim 1724 wollte der Papst jedoch nur unter der Bedingung genehmigen, dass Clemens August sich endlich zum Priester weihen ließe. Diese Forderung gefiel dem vierfachen Bischof überhaupt nicht. Seinem Vater schrieb er, dass er bestimmt keinen würdigen Priester abgeben werde. Clemens August fügte sich den väterlichen Erwartungen und ließ sich im März 1725 zum Priester weihen. Zweieinhalb Jahre später erteilte ihm der Papst selbst die Bischofsweihe. Clemens August war also fünffacher Bischof und Reichsfürst geworden, um die bayerische Politik zu unterstützen.*
>
> *Berühmt war der Kölner Kurfürst außerdem für die rauschenden Feste, die an seinem Hof gefeiert wurden. Kaum ein Tag verging ohne Opernaufführungen, Maskenbälle oder Jagden. Der Kurfürst mischte sich auch gern unters Volk, etwa auf Pützchens Markt oder der Poppelsdorfer Kirmes, und in Brühl war er viermal Schützenkönig. Groß war die Trauer der Bevölkerung, als Clemens August am 6. Februar 1761 starb. Man munkelte, die gerade zu Ende gegangene Karnevalssaison habe den Sechzigjährigen gesundheitlich zu stark beansprucht.*

gegenüber dem Bonner Stockentor und 1618 Kapuziner in der Stadt nieder, die 1628 endgültig im Gebäude Ecke Hundsgasse/Kapuzinergasse Unterkunft fanden. Sie widmeten sich – neben der Seelsorge gegenüber dem einfachen Volk – insbesondere der innerkirchlichen Erneuerung nach dem Ende der Reformationsbewegungen. Des weiteren fanden Kapuzinessen ab 1629 ihren Platz Ecke Kölnstraße/Kesselgasse.

Und ab 1637 beherbergte der Erzbischof Serviten in der von ihm auf dem Kreuzberg gebauten Kirchen- und Klosteranlage.

Ein neuer Orden der Nachreformationszeit war der Jesuitenorden. Er empfand sich elitär in der kirchlichen Erneuerungsbewegung und widmete sich neben seelsorgerischen Tätigkeiten vor allem auch der Bildung und Ausbildung. Das 1673 gegründete Jesuitenkolleg wurde im 18. Jahrhundert in die Bonngasse verlegt, wo der Kurfürst den Jesuiten schon ab 1687 ihre Zum-Namen-Jesu-Kirche hatte errichten lassen. Welschnonnen als weiblicher Gegenpart zu den Jesuiten ließen sich ab 1644 in der Nähe des Kölntors nieder.

Evangelische Gemeinden in vornapoleonischer Zeit

Die Ausübung des evangelischen Glaubens wurde im Bonner Umland, wo die Kölner Erzbischöfe und die Herzöge von Kleve-Jülich-Berg das Sagen hatten, immer wieder unterbunden, und bis zum Ende des 18. Jahrhunderts auch eingeschränkt. Die Bestrebungen einzelner Kölner Erzbischöfe, wie auch der Herzöge, zum Protestantismus überzutreten, wurden durch Gewalt oder Konversion „von oben" zunichte gemacht – mit der Folge, dass die protestantischen Bewegungen auf Gemeindeebene unter diesen Entwicklungen immer wieder zu leiden hatten.

Das freikirchliche Täufertum unterlag schon seit seinen ersten Ansätzen in der ersten Hälfte des 16. Jahrhunderts der obrigkeitlichen Verfolgung. Lutherische Gemeinden entstanden vor allem im Herzogtum Berg in der zweiten Hälfte des 16. Jahrhunderts, reformierte Gemeinden parallel eher auf der westlichen Rheinseite.

Im kurkölnischen Amtsbereich war es mit der Niederschlagung der Truchseß'schen Bewegung im Jahre 1584 mit der Freiheit protestantischer Glaubensausübung vorbei. Als das klevische Herzogshaus 1609 in männlicher Linie ausstarb und Kurfürst Johann Sigismund von Brandenburg und Herzog Wolfgang Wilhelm von Pfalz-Neuburg zunächst – gegen kai-

Turm der Evangelischen Kirche Flamersheim

Einleitung

Portal der Rigal'schen Kapelle in Bad Godesberg

serlichen Zugriff – gemeinsam die Herrschaft antraten, hatten die Protestanten zunächst wieder die Chance des Auftritts. Doch schon im Vorfeld des Dreißigjährigen Krieges mit dem Versuch Spaniens, die abtrünnigen Niederlande zurück zu gewinnen, setzte die Gegenreformation ein, die den Protestanten fast keinen Spielraum mehr ließ. Lediglich in einzelnen Unterherrschaften, wie etwa in Flamersheim, gab es noch gewisse Freiräume – dieser Tatsache verdankt der heutige Evangelische Kirchenkreis Bad Godesberg seinen ältesten evangelischen Kirchenbau in diesem Ort. Erst mit der französischen Besetzung des Rheinlandes erhielt der Protestantismus hier Gleichberechtigung in der Religionsausübung.

Von Napoleon bis zur Neuzeit

Die Besetzung Kölns und Bonns durch französische Revolutionstruppen im Jahre 1794 beendete das mittelalterliche Kirchenordnungssystem auf linksrheinischem Territorium – diese Gebiete wurden dem französischen Territorium angegliedert. Durch Dekret vom 9. Juni 1802 wurden die Stifte, Klöster, Orden und geistigen Korporationen links des Rheins aufgehoben, ihr Besitz säkularisiert. Die rechtsrheinischen Gebiete unterlagen später mehrfachem politischem Wechsel, doch auch hier zog man die Kirchengüter ein. Zwischen 1803 und 1813 wurde der ehemals kirchliche Besitz so weit es ging verkauft, der Erlös floss der Staatskasse zu. Die Käufer kamen überwiegend aus den Kreisen des gehobenen Bürgertums. Auf diese Weise wechselten etwa 40 Prozent des rheinischen Bodens ihren Eigentümer, was die wirtschaftlichen und sozialen Strukturen des Gebiets nachhaltig beeinflusste. Gleichermaßen tief griff die französische Besatzung in die Kirchenorganisation ein. Im Rheinland wurden 1803 zwei Bistümer eingerichtet, das Bistum Aachen für das Roer- sowie das Rhein- und Moseldepartement sowie das Bistum Trier für das Saardepartement. An ihre Spitze traten französische Bischöfe.

In dem dem französischen Staatsgebiet angegliederten linksrheinischen Bonn wirkte sich dann die Übernahme des französischen Verwaltungssystems auch unmittelbar auf die Kirchenorganisation aus. Bonn-Stadt wurde in drei Pfarrsprengel unterteilt mit der Hauptpfarrkirche St. Martin, der Hilfspfarrei St. Remigius und dem Pfarrgebiet Dietkirchen. Der Hauptpfarrsitz von Bonn-

Einleitung

Land lag zunächst in der Klosterkirche Marienforst, wurde später aber nach Lengsdorf verlegt. Insgesamt gab es danach in Bonn-Land neun Pfarrsprengel.

Das Ende der napoleonischen Ära bedeutete auch das endgültige Ende des Kurfürstentums Köln – das Rheinland kam an Preußen. Im Jahre 1821 wurde das Erzbistum Köln als kirchliche Institution wieder errichtet. Ihr erster rein kirchlicher Bischof war Ferdinand August Graf Spiegel, der die alte Dekanatsstruktur der Pfarreien im Rheinland wieder einführte. Die so geschaffene, neue Kirchenorganisation hielt bis zum Ende des 19. Jahrhunderts, bedurfte dann aber aufgrund der Bevölkerungsentwicklung einer entsprechenden Anpassung. Von großem Gewinn für Bonn war im übrigen auch die mit der Gründung der Universität 1818 verbundene Einrichtung einer Katholisch-Theologischen Fakultät. Hier erhielten seither die Priester im Erzbistum Köln ihre Ausbildung.

Mit der Eingliederung des Rheinlandes in den preußischen Staat organisierten sich auch die evangelischen Kirchen in diesem Gebiet. Im Kölner Kirchenkreis gab es zu diesem Zeitpunkt 135 reformierte und 78 lutherische Gemeinden. Zum dreihundertjährigen Reformationsjubiläum 1817 erließ König Friedrich Wilhelm III. den Aufruf zur Vereinigung der Lutheraner und Reformierten zu einer einheitlichen Evangelischen Kirche. Dies wirkte sich sehr vortheilhaft für die weitere Entwicklung der evangelischen Gemeinden auch im Bonner Bereich aus, stieg doch ihre Mitgliederzahl durch Zuzug im 19. Jahrhundert rasch an.

Die Eingliederung des Kurfürstentums Köln in den preußischen Staat ist auch aus baugeschichtlicher Sicht interessant. Kirchliche Neubauten mussten damals von der Oberbaudeputation in Berlin genehmigt werden – ihr Vorsitzender war niemand anders als der große preußische Baumeister des Klassizismus, Karl Friedrich Schinkel. Zwar hatte es auch schon unter dem Ancien Régime klassizistische Kirchenbauten gegeben, wie etwa St. Remigius in Königswinter oder die klassizistischen Ansätze in der Schlosskapelle der Kurfürstlichen Residenz, doch für Schinkel galt – in Anlehnung an die Tradition der barocken Kirchenarchitektur – der gut proportionierte Saalbau als ausschließliches Konstruktionsprinzip für Sakralbauten. Ein Beispiel dieser Architekturvorgabe bietet der zwischen 1843 und 1845 vorgenommene Neubau der Katholischen Pfarrkirche St. Gallus in Beuel-Küdinghoven.

Pfarrkirche St. Elisabeth in der Bonner Südstadt

Einleitung

Portal der Lutherkirche an der Reuterstraße

Die Auswirkungen der beginnenden industriellen Revolution stellten auch neue Herausforderungen für das Ordensleben dar. Es taten sich nunmehr Klostergemeinschaften zusammen, die in christlicher Nächstenliebe für die Armen in der Bevölkerung ambulante Pflegestationen, aus denen so manch heute bekanntes Bonner Krankenhaus hervorgegangen ist, unterhielten, Kinderbewahranstalten zur Entlastung arbeitender Mütter einrichteten und sogar mit einem Heim für „Geschäftsfräulein" Unterkünfte für studierende Mädchen bereitstellten.

Der von Bismarck unmittelbar nach der Reichsgründung herbeigeführte sogenannten „Kulturkampf" blieb auch für Bonn nicht ohne kirchenpolitische Folgen. Wenn auch von diesen Auseinandersetzungen weniger die Orden betroffen waren, die sich der Armen- und Krankenpflege widmeten, wurden doch sogenannte „Beschauliche Orden" – wie etwa der Orden von den Schwestern der Ewigen Anbetung – vertrieben, die erst wieder zurückkehren, als sich Anfang der 80er Jahre die Situation beruhigte. Opfer des Kulturkampfes blieb das halbstaatliche Konvikt, das parallel zur Priesterausbildung an der Universität der religiösen Berufspflege diente. Diese halbstaatliche Einrichtung wurde in eine kirchliche umgewandelt und nahm 1892 ihren Sitz im Collegium Albertinum an der heutigen Adenauerallee.

Baugeschichtlich bedeutet die Epoche nach dem Abebben des Kulturkampfes auch einen Neubeginn für das Rheinland. Das klassizistische Bauprinzip für Sakralbauten, wie es vom preußischen Leiter der Oberbaudeputation Schinkel noch durchgesetzt werden konnte, galt nicht mehr. Nun setzte sich die sakrale Baupolitik der sogenannten „Kölner Richtung" mit ihrem historisierenden Ansatz durch. Damit war die Zeit der neoromanischen und neugotischen Kirchenneubauten auch in Bonn und Umgebung angebrochen.

Im Zuge der Beruhigung der Situation nach dem Kulturkampf kamen beispielsweise auch die Benediktinerinnen 1888 wieder und ließen sich in Endenich nieder. 1889 übernahmen die Franziskaner den Kreuzberg, und die Barmherzigen Brüder von Trier eröffneten das Petruskrankenhaus. Insgesamt war Ende dieses Jahrhunderts und darüber hinaus ein Trend der Ordensniederlassungen in Bonn mit karitativen und edukativen Zielsetzungen festzustellen. Beispielhaft seien in diesem Zusammenhang die Gründung des Aloisiuskollegs in Godesberg als Internatseinrichtung der Jesuiten oder auch das Lyzeum der Schwestern vom armen Kind zu nennen, heute als Clara-Fey-Schule bekannt.

Schwer getroffen wurde Bonn im Zweiten Weltkrieg. Der heftige Bombenangriff im Jahre 1944 zerstörte die Stadt so stark, dass alle kirchlichen und profanen Baudenkmäler mehr oder weniger betroffen waren. Der sogenannte Boeselager Hof, ein Stadtpalais aus dem 18. Jahrhundert, ging sogar unrettbar verloren.

Die Unterdrückungsmaßnahmen der Nationalsozialisten gegen die Kirchen und gegen ihre Einrichtungen waren glücklicherweise zeitlich nur begrenzt.

Mit dem Ende des Zweiten Weltkrieges begann der Wiederaufbau Bonns. Die Renovierung der angeschlagenen und zerstörten Kirchen wurde mit Nachdruck betrieben, so dass die kulturhistorisch wertvolle sakrale Bausubstanz in Bonn schon bald in neuem Glanz erstrahlte. Und dadurch, dass Bonn zur provisorischen Hauptstadt der Bundesrepublik Deutschland auserkoren wurde, genoss die Stadt zweifelsohne große Vorteile, auch was die materiellen Möglichkeiten dieser Renovierungsbemühungen anbetraf. Durch die Regierungsfunktion wie auch beispielsweise durch die Universität bekam Bonn ein internationales Gepräge. Selbst mit dem Beschluss des Parlaments, den Regierungssitz des wiedervereinigten Deutschland nach Berlin zu verlegen, kann Bonn gut leben.

Angezogen durch die Hauptstadtfunktion von Bonn ließen sich hier die organisationspolitischen Interessenvertretungen der Kirchen in Deutschland nieder. Mit der Ernennung Berlins zur neuen Hauptstadt zogen auch diese Einrichtungen um, dennoch profitierten die örtlichen kirchlichen Einrichtungen der „Bundesstadt", wie Bonn seither heißt, vom einstigen Regierungsglanz. Die Stadt hatte in den Jahrzehnten seit Kriegsende kulturell, gesellschaftlich und wirtschaftlich so an Bedeutung gewonnen, dass auch diese kirchlichen Einrichtungen entsprechend expandierten. Die Bevölkerung im Bonner Raum stieg nachhaltig an, aber nicht so stark, dass das landschaftlich so vielgestaltige Erscheinungsbild des Bonner Raumes zersiedelt wurde. Die Bonner Vororte entwickelten gleichermaßen wie die neuen Stadtgemeinden im Bonner Umland eigenständige Versorgungszentren, die auch neue kirchliche Einrichtungen benötigten. So entstanden in und um Bonn eine Vielzahl neuer katholischer und evangelischer Kirchengemeinden, deren Pfarrzentren oftmals eine beachtenswerte Architektur bieten.

Kloster Walberberg

Die Chorpartie des Bonner Münsters

Das Bonner Münster

ehemalige Stiftskirche St. Cassius und Florentius

Die römische Totenkultstätte vor den Toren der *Castra Bonnensia* bildet den Ausgangspunkt des Bonner Münsters, wie es sich heute darstellt. Hier versammelten sich die frühen Christen, um offensichtlich die Heiligen Cassius und Florentius zu verehren. Hierzu war ein rechteckiger Raum angelegt worden, der zwei quadratisch gemauerte Tische mit Sitzbänken, die diese Tische an drei Seiten umgaben, umfasste.

In dieser *cella memoriae* versammelten sich die Gläubigen an den Gedenktagen der Verstorbenen. Diese Totenmemorie lag inmitten eines nach Nordosten ausgerichteten römischen Gräberfeldes neben den als Grabgelege der Märtyrer Cassius und Florentius geltenden Sarkophagen. Im 4. Jahrhundert wurde diese Kultstätte offensichtlich zerstört, aber schon bald danach entstand an gleicher Stelle eine Saalkirche von immerhin fast 14 Metern Breite und 9 Metern Länge. Diese ebenfalls nach Nordosten ausgerichtete Kirche umschloss sowohl die Märtyrergräber als auch die *cella memoriae*. Interessant ist übrigens, dass für den Bau dieser Kirche auch heidnische Altäre Verwendung fanden, die Aufanischen Muttergottheiten gewidmet waren – ein Zeichen dafür, dass das Christentum schon zu diesem Zeitpunkt fest davon ausging, das vorangegangene Heidentum überwunden zu haben. Erstmals Ende des 7. Jahrhunderts taucht diese Kirche übrigens als *basilica ss. Cassii et Florentii* in den Quellen auf.

Der Zulauf zur Heiligenverehrung machte schon bald eine Erweiterung der bisherigen Kirche erforderlich. Dies geschah in der zweiten Hälfte des 8. Jahrhunderts. Gleichfalls erfolgten Anbauten an die Kirche, so dass davon auszugehen ist, dass zu diesem Zeitpunkt Priester bereits eine regelmäßige Betreuung der Gläubigen durch Gottes-

Löwensäule vor dem Münster

Links: Das Münster auf einem Bild in der Kirche

INFO

Münster St. Martin

Am Münsterplatz
Pfarramt: Gerhard-von-Are-Straße 6,
Tel.: 02 28 / 9 85 88 - 0 · **Fax:** 02 28 / 9 85 88 - 15
E-Mail: pfarrbuero@bonner-muenster.de
Internet: www.bonner-muenster.de
Information: Foyer im Münster, geöffnet werktags von 10.00 bis 12.00 und 13.00 bis 18.00 Uhr, samstags von 11.00 bis 13.00 Uhr sowie sonntags von 13.30 bis 16.00 Uhr
Öffnungszeiten: Tagsüber
Führungen: Regelmäßig am 2. Samstag im Monat um 11.00 Uhr durch das Katholische Bildungswerk, darüber hinaus auch auf besondere Anfrage für Gruppen, ebenso durch die Touristen-Informationsstelle von Bonn-Info.
Konzerte: Regelmäßig, Programm im Internet
Literatur: · Manfred Peter Koch: Das Münster zu Bonn, Schnell Kunstführer Nr. 593, Verlag Schnell & Steiner, München und Zürich 1990
Helenakapelle: Geöffnet werktags von 10 bis 15 Uhr

Bonner Zentrum

Blick über die Helenastatue in den Chor des Bonner Münsters

dienste vornahmen. Im Laufe der Zeit nahm die Heiligenverehrung weiter zu, so dass spätestens seit Anfang des 9. Jahrhunderts hier eine Gemeinschaft von Klerikern nach klösterlichen Regeln lebte. Es war also ein Kloster entstanden, für das der lateinische Begriff *monasterium* üblich war – hiervon leitet das Bonner Münster seine heutige Bezeichnung ab.

Mit der Vorbereitung des Neubaus des Bonner Münsters zu Beginn des 11. Jahrhunderts wurde von der Nord-Ost-Ausrichtung des „Altbaus" abgewichen und die übliche West-Ost-Ausrichtung vorgesehen. Den Bezug zwischen dem „Altbau" und dem neuen Kirchenbau bildeten die Märtyrergräber der Heiligen Cassius und Florentius. Am Standort ihrer Sarkophage wurde die Mittelachse des neuen Kirchenbaus, der unter dem Kölner Erzbischof Anno zwischen 1056 und 1075 entstand, ausgerichtet. Sie kamen in einer tonnengewölbten Gruft unter dem Westteil der Chorkrypta zu liegen.

Die „Anno"-Kirche des 11. Jahrhunderts bildet den Kern der heutigen dreischiffigen doppelchörigen Münsterbasilika. Beide Chöre der alten Kirche lagen weit über dem Niveau des Hauptschiffes und waren mit Krypten unterlegt, wobei die Krypta des Westchores weit in das Kirchenschiff hineinragte. Eine Vorhalle führte zum Hauptportal an der Nordseite – ihre Konturen sind in das Pflaster des Münsterplatzes eingelegt.

Der Stiftspropst Gerhard von Are (1124– 69) betrieb die Erneuerung der „Anno"-Kirche. Ab 1140 wurde mit dem Ausbau und der Erweiterung des Münsters begonnen. Im Zuge dieser Arbeiten verlängerte man den Ostchor sowie die Ostkrypta um ein Joch mit angesetzten Flankentürmen, und fügte eine neue Rundapsis an. Auch wurden in dieser Zeit die Stiftsgebäude und der Kreuzgang erstellt. Die Weihe erfolgte im Sommer 1153. Im Jahr 1166 ließ der neue Kölner Erzbischof Rainald van Dassel die Märtyrerreliquien auf den Hochaltar erheben. Die Aufstockung und Einwölbung des Langchores erfolgte nach 1200. Neubau von Vierung und Kreuzschiff mit Querkonchen folgten im frühen 13. Jahrhundert, danach die Verbreiterung der Seitenschiffe sowie die Neu-

Das Bonner Münster

Links: Krippenaltar

Rechts: Altar an der Treppe zum Chor

anlage des Westchores unter Verzicht auf die Westkrypta. Letztendlich wurden bis in die 40er Jahre des 13. Jahrhunderts das Hauptportal zum Münsterplatz fertiggestellt sowie die Aufstockung der Türme und die Anbringung ihrer Faltdächer abgeschlossen. Damit hatte das Münster die Form erhalten, die wir noch heute bewundern können.

Wie viele andere Bonner Bauten blieb auch das Münster nicht von den geschichtlichen Ereignissen der folgenden Jahrhunderte verschont. Im Truchsessischen Krieg 1583/87 wurde das Münster planmäßig geplündert, und einem Brand durch Blitzeinschlag im Jahre 1590 fiel die damalige Innenausstattung weitgehend zum Opfer. Von der Beschießung der Stadt durch französische Truppen 1689 wurde vor allem die Bausubstanz betroffen. Seither ist die Vierung mit einem Spitzhelm versehen und die Osttürme tragen gotisierende Knickhelme. Die achtseitigen Aufsätze auf den westlichen Türmen stammen übrigens erst aus dem späten 19. Jahrhundert.

Die im Zuge des Einmarsches französischer Revolutionstruppen vollzogene Säkularisierung hatte auf die Bausubstanz des Münsters kaum Auswirkungen. Zur Pfarrkirche erhoben und unter zusätzlicher Übernahme des Patronats von St. Martin diente die Kirche seither dem Gottesdienst an der Bonner Bevölkerung.

Schwere Kriegsschäden erlitt das Münster im Zweiten Weltkrieg. So zerstörte ein Bombenvolltreffer das nördliche Querschiff. Langwierige Renovierungsarbeiten in der Nachkriegszeit lassen heute das Münster aber wieder in seinem alten Glanz erstrahlen.

Seitenaltar

Krypta

Fensterseite

Chor

Das Innere des Bonner Münsters hat, wie bereits erwähnt, unter den Wirren der vergangenen Jahrhunderte genauso gelitten wie der Baukörper. Einrichtungsgegenstände aus dem Mittelalter sind fast nicht mehr vorhanden. Der heutige Blickfang beim Betreten des Münsters ist ganz auf den Hochaltar im Chor gerichtet, ein neoromanisches Werk aus dem Jahre 1863. Hier im Chor steht auch ein in fünf Stockwerken aufgebautes Sakramentshaus, das 1619 vom damaligen Dekan Johannes Hartmann gestiftet worden ist. Dieses in Tuff und Marmor errichtete künstlerisch wertvolle Ausstattungsstück ist zweifelsohne durch seine Plastiken und seinen Schmuck auf niederländischen Einfluss zurückzuführen. Auf der Stirnseite des Chorbogens sind noch Wandmalereien aus dem 13. Jahrhundert erhalten. Ansonsten entstammen die Wandmalereien im Chorbereich den 90er Jahren des 19. Jahrhunderts, in die teilweise Reste alter Fresken mit einbezogen wurden.

Dominierend im nördlichen Querschiff ist der marmorne Allerseelenaltar, gestiftet 1699. In seiner Mittelnische befindet sich eine vergoldete, holzgeschnitzte Madonna aus dem 13. Jahrhundert. In der Mitte seiner Apsis steht das Grabmal des Kölner Erzbischofs Ruprecht (†1480), die einzige aus ihrer spätgotischen Entstehungszeit erhaltene Liegeskulptur im ganzen Kirchenbau.

Im südlichen Querschiff weist der Sakramentsaltar mit marmornem Aufsatz ein Relief der Taufe Christi aus dem Jahr 1608 auf. Die Mensaverkleidung im südlichen Querschiff stammt aus dem Jahr 1753. Hier wurde in einer romanischen kleeblattförmigen Nische ein Wandtabernakel eingelassen. Das Wandfresko in diesem Kirchenbereich bildet das um 1320 gemalte Schweißtuch der Veronika ab, welches das von gütigem Ernst geprägte Antlitz Christi zeigt.

Im Langhaus stehen sich an den Vierungspfeilern im Süden der Geburt-Christi-Altar aus dem Jahr 1622 und der Dreikönigsaltar aus dem Jahr 1733 im Norden gegenüber.

Die Rokoko-Kanzel, entstanden in den Jahren zwischen 1750 und 1760, wurde aus der alten Remigiuskirche entfernt (siehe dort) und hier im Langhaus des Bonner Münsters angebracht – eine künstlerisch wertvolle Arbeit mit der Darstellung von Moses und Aaron im Schalldeckel und des Lammes Gottes im Kanzelkorb. Ein Blick lohnt übrigens auf die geschnitzten Wangen des Kirchengestühls im Langhaus, die zum größeren Teil um 1700 entstanden.

Am Westende des Kirchenschiffes stehen noch einige bemerkenswerte Kunstgegenstände aus verschiedenen Epochen. Da ist zunächst der romanische Taufstein im ersten Joch des nördlichen Seitenschiffes, der noch aus der alten Martinskirche stammt. Der zwischenzeitlich zum Einsalzen von Fleisch dienende Taufstein aus dem 12. Jahrhundert, dessen Schale ein Bogenfries ziert,

Portalmosaik

wurde von der Münsterpfarre zurück erworben und 1966 an seinem heutigen Platz aufgestellt. Deckel und Sockel sind übrigens neu. Im gleichen Seitenjoch fand auch der Dreifaltigkeitsaltar Platz. Dieser aus dem Jahr 1704 datierte Altar entstand in einer Kölner Werkstatt und enthält unter anderem Abbildungen der drei Stiftspatrone Cassius, Florentius und Mallusius sowie eine Darstellung der Stadt Bonn. In spiegelbildlicher Position im südlichen Seitenschiff ließ der Scholaster Leonard Mestorff um 1600 den Maria-Magdalena-Altar aufstellen. Das große Altarblatt zeigt die Grablegung Christi – es wird Hans von Aachen zugeschrieben. Das kleine obere Bild zeigt den Auferstandenen, der Magdalena am Ostermorgen als Gärtner erscheint. Im Bereich des ersten Hauptschiffjoches fällt dem Betrachter noch die überlebensgroße Statue der Heiligen Helena auf. Mit herabfallendem Haar kniet die Kaiserin auf einem Kissen und betrachtet das Kreuz Christi, dessen Wiederauffindung ihr zugeschrieben wird – der Verehrung der Mutter Kaiser

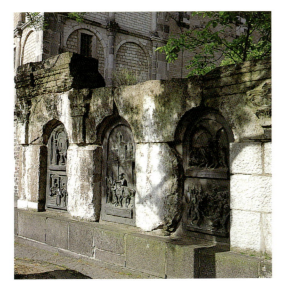

Bronzetafeln am Münster mit St. Martin

Oben: Kapitelle des Münster-Kreuzgangs

Oben rechts: Blick in den Kreuzgang

Konstantins als Heilige kommt im Rheinland besondere Bedeutung zu, gilt sie doch nicht nur als Gründerin des „Thebäer-Stifts" in Bonn, sondern auch der „Thebäer-Stifte" St. Gereon in Köln sowie St. Viktor in Xanten. Die Statue wurde 1629 vom damaligen Probst Graf Wartenberg gestiftet und gehörte ursprünglich zum Grabensemble des Erzbischofs Siegfried von Westerburg. Vermutlich entstand sie um 1610 aus der Hand des Barockbildhauers Georg Petel.

Die in der zweiten Hälfte des 11. Jahrhunderts fertiggestellte Westapsis wurde in ihrem Inneren schon 1220 umgestaltet und durch sechs Blendarkaden tragende Säulen gegliedert. Im Jahre 1652 wurde die Orgelbühne erbaut, später auch noch das Westportal geschaffen – damit war der Charakter dieses Teils der Kirche als Gegenpol zum Ostchor verloren gegangen. Hier im Westteil der Kirche befindet sich die Sandsteinreliefgrabplatte des Erzbischofs Engelbert II. († 1275), die einzig von seinem ehemaligen Hochgrab aus dem späten 14. Jahrhundert verblieb. Über den Türen zu den Türmen sind Tafeln, so zum Nordturm eine Bleiplatte vom Grab Gerhards von Are (1169) eingelassen, die über die Bautätigkeit dieses Probstes, dem auch die Initiative zum Bau des Münsters zu verdanken ist, berichtet.

Probst Gerhard von Are war es auch, der die heutigen Stiftsgebäude anstelle der älteren an das Münster anbauen ließ. Es handelt sich um ein zweigeschossiges Geviert, dessen vierter, nördlicher Bogengang der Erweiterung des südlichen Seitenschiffs der Kirche weichen musste. Das Erdgeschoss wird vom umlaufenden Kreuzgang eingenommen –

zwei romanische Portale führen aus dem Westjoch des Seitenschiffes und aus der Südwand des Querhauses hinein. An den Säulen des Kreuzgangs sind Würfel-, Schild- und Kelchkapitelle angebracht, die mit Seilband, Rosetten, Arkanthus und Palmetten verziert sind. Der Umgang ist kreuz- bzw. tonnengewölbt. Am östlichen Kreuzgang schließt sich der ehemalige Kapitelsaal an, der nach dem Tod Gerhards von Are durch Anfügung einer Ostapsis in die Cyriakus-Kapelle, seine Grabkapelle, umgewidmet wurde. Eine Deckenöffnung verband den Saal in der Entstehungszeit mit der darüber liegenden Kapelle der Stiftsherren, wie es auch dem Bauprinzip der Doppelkirche von Schwarzrheindorf (siehe dort) entspricht. Am Boden und an den Wänden des Kreuzgangs sind Grabplatten aus vielen Jahrhunderten angebracht, die ältesten davon aus der Zeit Karls des Großen.

Glücklicherweise überstand der Kreuzgang des Bonner Münsters die Zeit der Säkularisation und die darauf folgende Zeit unbeschadet – für seinen Erhalt setzte sich insbesondere der große Berliner Baumeister Karl Friedrich Schinkel in seiner Eigenschaft als Leiter der preußischen Oberbaudeputation – wie sich damals die Bauverwaltung nannte – ein. Denn seit der Eingliederung des Kurfürstentums Köln in den preußischen Staat war auch die preußische Bauverwaltung in Bonn zuständig. Und so kann man noch heute dieses einmalige Kunstwerk rheinischer Hochromanik, dessen kriegsbedingte Schäden schon 1954/55 beseitigt worden waren, unter anderem aus dem Fenster eines rückwärtig angrenzenden Modehauses bewundern.

Die Beschreibung des Bonner Münsters kann nicht ohne Erwähnung der Helenakapelle erfolgen. Diese ehemalige Kapelle, heute unter der Anschrift „Am Hof 32/34" durch einen separaten Eingang zu erreichen, lag einst im Immunitätsbereich des Cassiusstiftes und war eine Privatkapelle eines geistlichen Würdenträgers des Stiftes. Über 650 Jahre wurde sie für Andachten benutzt, bis die gottesdienstlichen Funktionen mit der Säkularisation eingestellt wurden. Die um 1250/60 entstandene kreuzgratgewölbte Rechteckkapelle mit runder Apsis befindet sich im zweiten Stock eines Hauses, dessen Rückseite noch aus romanischen Bauteilen besteht. Bogenöffnungen führten in die Wohnung des Geistlichen. Heute führt der Zugang von der Südseite her. Es spricht einiges dafür, dass Gerhard von Are selbst Erbauer und Nutzer der Kapelle war – denn er hatte den Helenakult in Bonn eingeführt und die Reliquien der Heiligen für das Münster beschafft.

Blick in die Apsis der Helenakapelle

St. Remigius – Blick über die Statue der Muttergottes im Quadrum des Kreuzgangs auf den Dachreiter

St. Remigius

Pfarrkirche und Minoriten-Klosterkirche

Wer heute in der Bonner Innenstadt auf dem Blumenmarkt steht, befindet sich auf historischem Boden. Hier stand einst St. Remigius, eine der frühen Pfarrkirchen Bonns, die im Jahre 1800 einem Blitzschlag zum Opfer fiel und abgerissen werden musste. Die heutige Remigiuskirche steht in der Brüdergasse, so benannt nach den Klosterbrüdern, die hier in der Minoritenkirche ihr Domizil hatten. Als dann die Pfarrgemeinde St. Remigius keine Kirche mehr hatte und das Minoritenkloster in der napoleonischen Ära säkularisiert worden war, lag es nahe, für die Remigius-Gemeinde das ehemalige Gotteshaus der Minoriten zu nutzen – so wurde der Schutzpatron St. Remigius 1806 auf das schon bestehende Gotteshaus der Minoriten übertragen – deshalb seine heutige Bezeichnung als „Katholische Pfarrkirche und Minoriten-Klosterkirche St. Remigius".

Mit dem Bau der heutigen Remigiuskirche wurde 1274 begonnen. Vom Charakter her ist es eine Bettelordenkirche der „minderen Brüder" (= Minoriten), also der Anhänger des Heiligen Franz von Assisi, geblieben, deren Mönche sich dem Armutsgelübde der Franziskaner unterworfen hatten. Bewusst und oppositionell verzichteten die Mitglieder dieses Reformordens auf Privatbesitz – wohingegen die Kanoniker der damals etablierten Orden durchaus über eigene Mittel verfügen konnten. Auch sollten die Kirchen der Franziskaner bewusst schlicht gehalten sein, denn das Bemühen war es, die Kirche, die zunehmend dem Volke entrückt war, diesem wieder näher zu bringen.

Die Remigius-Kirche entstand in drei Bauabschnitten. Der erste Abschnitt beinhaltete den Chor mit seinem 5/8-Abschluss sowie die ersten drei Joche des Kirchenschiffes und schloss 1317 mit einer Weihe ab. Danach erfolgte die Errichtung der Klostergebäude, und man stellte drei weiter Joche des Kirchenschiffes fertig. Im dritten der mittelalterlichen Bauabschnitte entstand das zur Straße abschließende Westjoch, dessen nördliches Seitenschiff wegen der Straßenführung abgeschrägt werden musste. 1620 wurde dann noch der halbrund geschlossene Nebenchor am nördlichen Seitenschiff angebracht. Im Zuge der Beschießung und Eroberung Bonns durch Truppen Ludwig XIV. im Jahre 1689 brannte das Dachgestühl der Kirche aus, wur-

Statue über dem Hauptportal

Pfarrkirche und Minoriten-Klosterkirche St. Remigius

Brüdergasse
Kath. Pfarramt St. Remigius: Brüdergasse 8, 53111 Bonn
Tel.: 02 28 / 7 25 92 - 0
Öffnungszeiten: Tagsüber
Führungen: Auf Anfrage im Pfarramt
Literatur: • Hans Peter Hilger: Die Pfarr- und Minoritenkirche St. Remigius in Bonn, Rheinische Kunststätten Heft 170, Köln 1987

Bonner Zentrum

Links: St. Remigius – Gesamtansicht

Rechts: Hauptportal

den die Klostergebäude vernichtet, und wertvolle Stücke der Kirchenausstattung fielen den Flammen zum Opfer – so auch der von Erzbischof Ferdinand von Bayern gestiftete Hochaltar. 1888 zerstörte ein erneuter Brand das Dach der Kirche mit Dachreiter sowie die Klostergebäude um den Kreuzgang. Die Renovierung erfolgte im neugotischen Stil. Die Bombennacht des Jahres 1944 brachte dann die größten Zerstörungen am Remigiuskirchenkomplex. Doch nach dem Zweiten Weltkrieg wurden Kreuzgang und Klostergebäude nach altem Grundriss wieder errichtet – vom Kreuzgang konnten die dreiteiligen Spitzbogenfenster erhalten werden. An der Kirche mussten alle Dächer, die Glasfenster, Teile des Maßwerkes sowie wesentliche Teile der Innenausstattung erneuert werden.

Vor allem bei der letzten Renovierung nach dem Zweiten Weltkrieg achtete man streng darauf, den ursprünglichen Bauzustand der Remigiuskirche wieder herzustellen. Der basilikale Grundcharakter der Remigiuskirche mit ihren niedrigen Seitenschiffen tritt deutlich hervor, wobei das hohe Langschiff ganz von der strengen Einfachheit der Bettelorden-Kirchenarchitektur geprägt ist. Interessant ist dabei zu beobachten, wie sich die franziskanische Baugesinnung im Zuge der drei Bauabschnitte der Kirche immer stärker durchgesetzt hat. Während der Chor mit dem Maßwerk seiner dreiteiligen hohen Fenster architektonisch noch dem Vorbild der Kölner Dombauhütte nachstrebt, ist das Langhaus mit den hochsitzenden Fenstern bereits an die Bauweise der Kölner Minoritenkirche angelehnt. Auch der strenge Wandaufbau des Langhauses gibt die Ordenstraditionen der Franziskaner wieder – insgesamt sind hier auch schon klare spätgotische Bauformen zu erkennen. Durch die Abschrägung des nördlichen Mittelschiffs kommt von der Westfassade im wesentlichen der Mittelteil zur Geltung. Nach dem Vorbild der Kölner Minoritenkirche waren im Giebel über dem Portal zunächst drei kleine

St. Remigius

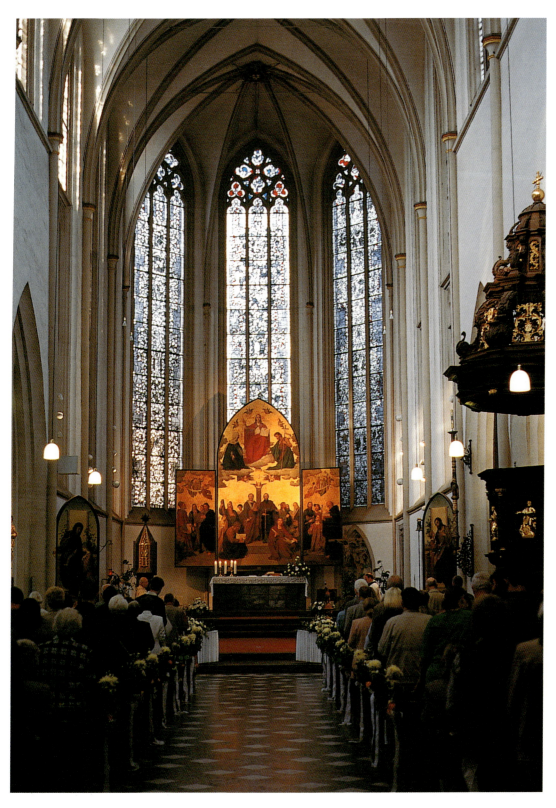

Blick in den Chor

Links: Innenhofansicht

Rechts oben: Marienaltar

Rechts unten: Taufstein mit Rokoko-Deckel

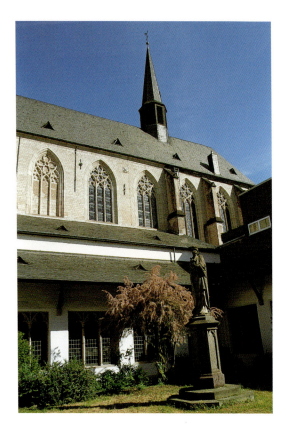

Mittelschiff mit ihren geschweiften Wangen. Den gesamten Innenraum prägend sind die großen neugotischen Gemälde in der Kirche, so vor allem der von den spätnazarenischen Malern Franz Ittenbach und Carl Müller sowie dessen Neffen Andreas Müller 1893 geschaffene Hochaltar zum Thema „Die Kirche" mit den Bildern der Seitenaltäre, die Unterweisung von Maria und dem Heiligen Joseph durch die Heilige Anna darstellend.

Spitzbogenfenster eingebracht, die 1889 durch ein Rundfenster ersetzt wurden.

Die hölzerne Kanzel aus dem frühen 18. Jahrhundert mit ihrem volutenbesetzten Schalldeckel konnte alle Katastrophen, die über die Remigiuskirche hereingebrochen sind, überstehen. Das pokalförmige marmorne Taufbecken aus der Zeit um 1750 stammt noch aus der alten Remigiuskirche. In diesem Becken wurde übrigens Ludwig van Beethoven getauft. Über dem Marienaltar im rechten Seitenschiff befindet sich eine Statue der Muttergottes aus dem 17. Jahrhundert. Aus dem frühen 17. Jahrhundert stammt ein geschnitzter Marienleuchter, eine Stiftung eines hohen kurköllnischen Beamten. Andere Gegenstände der Inneneinrichtung datieren aus dem 18. Jahrhundert, so die Beichtstühle und die Bänke im

St. Remigius

Der General-Anzeiger berichtet über die Remigiuskirche:

Seit Jahren hat sich das Cassius-Forum der Suche nach vermissten Kunstschätzen verschrieben. Im besonderen Blickpunkt des „Forums für religiöse Kunst und Begegnung" stand dabei die Remigiuskirche in der Brüdergasse, in deren Umfeld der Verein einen achtbaren Erfolg erzielte: Elf Nazarenerbilder und zwei barocke Seitenaltarbilder aus dem Bestand der Kirche konnten ans Tageslicht befördert werden.

Groß war die Freude, als vor einiger Zeit die beiden Seitenaltarbilder zum Vorschein kamen. Die Leinwandgemälde mit den Maßen 1,40 mal 2,40 Meter zeigen den Heiligen Antonius von Padua und den Heiligen Franz von Assisi. „Vermutlich stellt das Bild die Stigmatisierung des Heiligen Franz dar", sagt der Bonner Kunsthistoriker Volker Engel. Bis vor etwa hundert Jahren zierten sie die Seitenaltäre der Bonner Remigiuskirche. Die Bilder aus dem 18. Jahrhundert galten als verschollen, bis sie vor kurzem in dem Fachbereich Restaurierung und Konservierung von Kunst und Kulturgut der Fachhochschule Köln wieder auftauchten. Gisbert Knopp vom Amt für Denkmalpflege hatte die Gemälde der Fachhochschule übergeben. Dort dienen die Bilder nun Schulungszwecken. Wegen des schlechten Zustandes der Bilder sei es allerdings äußerst fraglich, ob die Gemälde in die Remigiuskirche zurückkehren werden, sagte Engel: „Vorrang haben die elf Nazarener-Gemälde, die nach 60 Jahren wieder in der Remigiuskirche installiert werden." Die Nazarener-Gemälde entdeckte das Cassius-Forum 1998 in den Katakomben der Remigiuskirche.

Vergoldetes Relief an der Kanzel

Halbfigur der gekrönten Muttergottes

33

Blick durch das Kirchenschiff auf den Altar

Namen-Jesu-Kirche

Ehemalige Jesuitenkirche in der Bonngasse

Bevor die Bonner Jesuitenkirche errichtet werden konnte, stand zwischen ihrem Geldgeber Erzbischof Max Heinrich und dem Rektor des damaligen Jesuitenkollegs ein schwieriger Einigungsprozess über das Kirchenbaukonzept an. Da die Architektur aller Jesuitenkirchen möglichst identisch sein sollte, musste der Plan eines jeden Neubaus von der Ordensleitung in Rom genehmigt werden – so auch der der neuen Jesuitenkirche in Bonn. Über mehrere Jahre zog sich dieser Prozess hin, bis Max Heinrich 1686 schließlich nachgab und die Bauleitung gemäß Vorgaben aus Rom seinem kurfürstlichen Baumeister Jakob de Candera übertrug.

Anfänglich stand der Bau der neuen Jesuitenkirche in Bonn unter keinem guten Stern. Am 3. Juni 1686 starb der Kurfürst. Max Heinrich hatte zwar in seinem Testament eine beträchtliche Summe für den Weiterbau hinterlassen, doch reichte diese in keiner Weise aus. Ein Jahr später belagerten dann die Franzosen Bonn. Das Bombardement traf auch den Rohbau der Jesuitenkirche – schlimmer war jedoch die Tatsache, dass die Franzosen nach der Eroberung der Stadt das Baumaterial für die Kirche zum Ausbau der Bonner Befestigungsanlagen requirierten. So wurden die Bauarbeiten erst 1692 wieder aufgenommen, 1704 war der Innenraum fertig, doch die Weihe erfolgte erst 1717. Insgesamt gesehen ist die Namen-Jesu-Kirche ein charakteristisches Beispiel des rheinischen Jesuitenbarocks, das romanische und gotische Bauelemente mit einbezieht.

Die imponierende symmetrische Westfassade der in die Häuserzeile der Bonngasse

Ornamentiertes Kapitell

Links: Dekor im Gewölbe

INFO

Namen-Jesu-Kirche

Bonngasse
Information: Kath. Hochschulgemeinde an der Universität Bonn, Schaumburg-Lippe-Straße 6, 53113 Bonn
Tel.: 02 28 / 91 45 - 15/20 · **Fax:** 02 28 / 9 14 45 - 50
Öffnungszeiten: anlässlich Ausstellungen geöffnet von 12.00 bis 18.00 Uhr, Sonntag 11 Uhr Messe der Kroatischen Gemeinde, 19 Uhr Messe der Katholischen Hochschulgemeinde, ansonsten ist die Kirche geschlossen.
Besichtigung: Schlüssel zum Eintritt in die Kirche kann bei der Kath. Hochschulgemeinde abgeholt werden.
Führungen: auf Anfrage beim Touristik-Büro der Stadt Bonn (nicht regelmäßig)

Bonner Zentrum

Die Türme der Namen-Jesu-Kirche – im Hintergrund St. Remigius

eingebauten Jesuitenkirche wird von fünfgeschossigen Treppentürmen flankiert, die welsche Hauben mit aufgesetzten offenen Laternen tragen. Vorgezogene Pfeiler geben dem Portal sein Gepräge. Über dem Eingangstor ist das von Löwen flankierte Wappen des Kurfürsten und das Christusmonogramm der Jesuiten angebracht. Im Giebel steht die Statue des Salvators auf einem Gesims. Die Westfassadenfenster sind – für den Jesuitenbarock typisch – spitzbogig angelegt und teilweise sogar mit Maßwerk versehen.

Das Innere der Namen-Jesu-Kirche ist dreischiffig mit spitzem Kreuzrippengewölbe angelegt. Diesen Eindruck einer spätgotischen Hallenkirche hat der Baumeister Jakob de Candera bewusst herbeigeführt. Insgesamt entspricht aber die Kirchenarchitektur dem barocken Gliederungssystem mit kräftigen Strebepfeilern und korinthischen Kapitellen. Der zweijochige Chor schließt mit einer halbrunden Apsis ab und wird von einjochigen, flachrund abschließenden Nebenchören flankiert.

Hellverglaste Maßwerkfenster lassen den Innenraum der Namen-Jesu-Kirche mit Licht durchfluten, so dass die Ausmalung voll zur Geltung kommen kann. Schon Kurfürst Max Heinrich hatte verfügt, dass die farbliche Raumfassung der Namen-Jesu-Kirche der von St. Gereon in Köln mit der Darstellung des Lebens Christi entsprechen solle. Doch spätere Übermalungen ließen das ursprüngliche Dekor in Vergessenheit geraten. Erst die durch die Zerstörungen des Zweiten Weltkrieges erforderlich gewordenen Restaurierungen brachten den alten Zustand wieder hervor. Seither sind Pfeiler und Rippen wieder von ornamentalen Motiven und Schriftzügen der Namen Heiliger in Schwarz, kräftigem Blau, Gold und dunklem Rot überzogen und die Heiligenzyklen in Chor und Langhaus wieder zu sehen.

Das im Jahr 1698 entstandene Gestühl der Namen-Jesu-Kirche ist noch teilweise erhalten, und die schöne Kanzel aus dem gleichen Jahr hat auch überdauert. In die Seitenschiffe sind barocke Beichtstühle eingepasst. Die Altäre aus der Zeit des Kurfürsten Clemens August stammen aus der unter Napoleon aufgelösten Kapuzinerkirche und wurden im Zuge der Nachkriegsrenovierung neu gefasst.

Wappen über dem Eingangsportal

Namen-Jesu-Kirche

Der General-Anzeiger berichtet über die Namen-Jesu-Kirche:

Heute ist die Namen-Jesu-Kirche im Landesbesitz, kirchlich der Münsterpfarrei angeschlossen. Gottesdienste feiern hier neben der Katholischen Hochschulgemeinde auch die Gemeinden der Italiener und der Kroaten. Der Passant trifft indes meist auf verschlossene Türen und ahnt nicht, welch schöner Raum sich dahinter verbirgt. In hellem Licht, das durch die hellverglasten Maßwerkfenster fällt, leuchtet seit der Renovierung in den 50er Jahren wieder das dekorative Ornament-System aus kräftigem Blau und Gold, den Farben des Wittelsbachers Max Heinrich, auf Pfeilern, den gotischen Kreuzrippengewölben und Gurtbögen. So entsteht in der überschaubaren Kirche ein lebhaftes Raumbild, das mit jedem Schritt neue Perspektiven bietet. Die eigenwillige Verschmelzung von Stilelementen des Mittelalters mit der Bauweise des Barock sollte die Kontinuität der Katholischen Kirche unterstreichen.

Westfassade der Namen-Jesu-Kirche

Im Innern der Schlosskapelle

Schlosskapelle

In der Kurfürstlichen Residenz / Universität

Am 16. Januar 1777 brach ein verheerender Brand in der Kurfürstlichen Residenz zu Bonn aus. Dieser großartige Bau, eine der bedeutendsten Architekturschöpfungen des deutschen Barock, wurde an diesem Tag ein Opfer der Flammen und im Kern bis auf das Erdgeschoss zerstört.

Die Kurfürstliche Residenz konnte bis dahin schon auf eine baugeschichtlich interessante Vergangenheit zurückblicken. Das einstige erzbischöfliche Schloss, das zwischen dem 13. und 17. Jahrhundert entstanden war, befand sich innerhalb der Immunitätsgrenze des Cassiusstiftes und wurde rückwärtig durch die Stadtmauer begrenzt. Der zuletzt in der Renaissancezeit 1567–77 durch Erzbischof Salentin von Isenburg gestaltete Bau wurde 1689 in den Franzosenkriegen durch brandenburgische Truppen zerstört. Unter Kurfürst Joseph Clemens wurde mit dem Neubau des Schlosses in Form einer Vierflügelanlage nach Plänen des bayerischen Hofbaumeisters Enrico Zuccali begonnen. Noch weit vor Abschluss der Bauarbeiten musste Joseph Clemens für einige Jahre ins französische Exil, wo er Lebensart und Architektur des Schlosses von Versailles kennenlernte. Nach seiner Rückkehr wurden die Pläne vom kastellartigen Stadtschloss durch den Architekten und Baumeister Robert de Cotte in eine Dreiflügelanlage umgestaltet, woran Joseph Clemens maßgeblichen persönlichen Anteil hatte. Im Westen erfolgte ein hufeisenförmiger Anbau als *Buen Retiro* für die Privatgemächer des Kurfürsten, im Nordosten sollte eine Anbindung an den Rhein erfolgen. Allerdings wurde dann unter Kurfürst Clemens August aus Geldmangel nur einer der beiden hierfür vorgesehenen Trakte – mit dem Michaelstor – gebaut. Im Kernbau der Kurfürstlichen Barockresidenz befand sich seit 1700 eine bemerkenswerte Kapelle, die als Riegelbau die Verbindung zwischen seinem Nord- und Südflügel herstellte.

Der alles vernichtende Brand von 1777 führte dazu, dass vom Schlossgebäude nur der Hofgartenflügel wieder errichtet wurde. Anstelle der alten Schlosskapelle entstand ab

Schlosskapelle

Am Hof

Information: Evangelisch-Theologisches Seminar, Abteilung für Praktische Theologie der Universität Bonn
Tel.: 02 28 / 73 - 40 80
E-Mail: r.schmidt-rost@uni-bonn.de
Internet: www. uni-Bonn.de//evtheol/pt/schlosskirche
Öffnungszeiten: während des Semesters montags bis freitags von 13.00 bis 15.00 Uhr
Führungen: • durch die Stadt Bonn: „bonn information", Windeckstraße / Am Münsterplatz, 53103 Bonn, Tel. 02 28 / 77 50 00, Fax 77 50 77
• durch die Universität: Dr. Thomas Becker, Archiv der Universität Bonn, Tel. 02 28 / 73 75 55 (und bei besonderen Anlässen wie z.B. „Tag der offenen Tür" etc.); Anfragen zu Besichtigungen bitte an den Schlossprediger des Evangelisch-Theologischen Seminars, Abt. für Praktische Theologie, richten, Tel. 02 28 / 73 - 76 04

Bonner Zentrum

Fenster über der Kanzel

1779 nach Plänen des kurfürstlichen Hofrates Johann Heinrich Roth eine neue Schlosskapelle, die an ihre heutige Stelle im Osttrakt eingefügt wurde. Auf quadratischem Grundriss konzipierte er einen dreigeschossigen Saalbau, den oberhalb des Basisgeschosses eine von toskanischen Säulen getragene Galerie umläuft, und der mit einer muldenförmigen Decke abgedeckt wird. Die Apsis schließt in großem Bogen halbrund ab. Auf ihrer Mittelgeschossebene sind drei große Rundbogeninnenfenster angebracht, darüber nochmals symmetrisch drei eingelassene Fenster. Motivisch zieht sich diese Raumgestaltung der Apsis durch den gesamten Kirchensaal und gibt ihm so sein einheitliches Gepräge im Wandel vom Rokoko zum Klassizismus, aufgelockert durch die Stuckornamentierung von Joseph Anton Brilli ganz im Stil Louis XVI.

Zu erwähnen sei noch, dass Ludwig van Beethoven in der Schlosskapelle von seinem Lehrer, dem Hoforganisten Heefe, Orgelunterricht bekam. Überhaupt ist die hervorragende Akustik der Schlosskapelle bemerkenswert!

Nachdem das Rheinland an Preußen gefallen war, ging das Kurfürstliche Schloss in Landesbesitz über und diente ab 1818 der neu gegründeten Universität in Bonn als Verwaltungs- und Lehrgebäude. Schon 1817 war der evangelischen Gemeinde in Bonn durch Anordnung von König Friedrich Wilhelm III. die Schlosskapelle als Gottesdienstraum zur Verfügung gestellt worden. Seit 1818 wurden hier gleichzeitig die evangelischen Universitätsgottesdienste abgehalten. 1871 konnte dann die evangelische Gemeinde Bonn in ihre eigene, neu gebaute Kreuzkirche einziehen.

Der Bombenangriff vom 18. Oktober 1944 zerstörte die ehemalige Kurfürstliche Residenz weitgehend und ließ von der Schlosskapelle nur die Umfassungsmauern stehen. 1957 waren die Renovierungsarbeiten abgeschlossen, der angebrachte Stuck durch neue weiße Ornamente auf hellgelbem Grund erneuert, was vorbildlich gelungen ist. Das Kirchengestühl wurde ohne Mittelgang neu konzipiert – abgerundete Bänke verstärken heute noch die Raumwirkung des Saalbaus. Die von Karl Friedrich Schinkel entworfene und von Friedrich Waesemann ausgeführte Kanzel aus dem Jahre 1818 wurde in der Bombennacht 1944 gleichermaßen zerstört und nach dem Krieg nach dem alten Vorbild restauriert.

In einer letzten Renovierung 1981 wurden die Stuckaturen nach ihren historischen Befunden erneuert. Das Holzwerk des Kircheninneren erhielt einen neuen Anstrich. Zusätzlich wurde die Altarinsel abgesenkt und die Mensa neu platziert.

Heute werden in der Schlosskapelle vielfältige Konzerte gegeben – die Kirche ist aber gleichermaßen als Trau- und Taufkirche beliebt.

Schlosskapelle

Blick in den Chor der Schlosskapelle

Der Turm der Kreuzkirche

Kreuzkirche

Evangelische Pfarrkirche am Kaiserplatz

Nachdem der evangelischen Gemeinde Bonn durch die neue preußische Administration die Schlosskirche in der ehemaligen Kurfürstlichen Residenz für Gottesdienste zur Verfügung gestellt worden war, regte sich schon bald der Wunsch nach einer eigenen Pfarrkirche. Von 1862 bis 1866 zog sich das Ausschreibungsverfahren hin, bis man sich zur Ausführung für einen überarbeiteten Entwurf des Universitätsbaumeisters und Königlichen Bauinspektors August Dieckhoff entschied. Weitere Schwierigkeiten bereitete der Standort der neuen Kirche auf dem Flussbett der Gumme, einem längst versandeten ehemaligen Rheinarm.

Die Kreuzkirche ist als dreischiffige, neugotische Hallenkirche mit Querschiff – also auf kreuzförmigem Grundriss konzipiert. Die Außenmauern wurden in rotem Ziegel hochgezogen, die Zierelemente aus Sandstein gefertigt. An der Nordseite zum Kaiserplatz erhebt sich ihr über siebzig Meter hoher Turm in der Breite des Mittelschiffes. Längs- und Querschiff sind mit Satteldächern, die Seitenschiffjoche mit eigenständigen Quersatteldächern eingedeckt. Wie ein Gesims umläuft eine Galerie das Langhaus, den Chor und die Vorderseite des Turms, unterbrochen von kleinen Ziertürmen, die sich an den Ecken des Bauwerks erheben. Schlanke Strebepfeiler und hohe gotische Fenster mit reichem Maßwerk prägen sein Äußeres mit

Neugotisches Fenster mit reichem Maßwerk

Links: Portal der Kreuzkirche

Kreuzkirche

Kaiserplatz
Evgl. Pfarramt: Goethestraße 27, 53113 Bonn
Tel.: 02 28 / 22 13 11
Öffnungszeiten: Kirche und Krypta außerhalb der Gottesdienste dienstags bis freitags von 9.00 bis 13.00 Uhr

Blick vom Hofgarten auf die Kreuzkirche

den kleinen Giebeln über jedem Joch. Der viereckige Turm wird oberhalb der Dachfirstebene achteckig hochgezogen – wobei auch hier auf den höheren Ebenen angebrachte Ziertürme das Schmuckwerk des Kirchenschiffes fortsetzen. Der spitze Helm des Turmes wird von einer mächtigen Kreuzblume bekrönt. Nachträglich wurden Reliefs im Tympanon von Haupt- und Nebenportalen angebracht. Äußerlicher Verfall zwang 1934 dazu, Werksteinteile wie Türmchen, Giebel, Galerie und Fialen zu entfernen, so dass sich die Kreuzkirche seither architektonisch vereinfacht präsentiert.

Schlanke Pfeiler tragen die im Inneren weiß gehaltene Kirche. Den zentralen Blickfang bietet das große Chorkreuz, das Lamm Gottes mit den Evangeliensymbolen thematisierend. Bemerkenswert ist der Schlussstein des Vierungsgewölbes mit der Darstellung des Pelikans mit vier posaunenblasenden Engeln. Nach Ausbesserungsarbeiten im Jahr 1902 wurden Holzvertäfelungen an den Wänden bis zur Fensterhöhe angebracht.

Die Krypta der Kreuzkirche blieb trotz erheblicher Kriegszerstörungen des Kirchenbaus, die erst durch die Renovierungen und Ausbesserungen bis Anfang 1954 behoben werden konnten, fast unbeschädigt. Lediglich Schutt musste nach den beiden großen Bombenangriffen Ende 1944 vom Außeneingang beseitigt werden. Die Krypta diente in der schweren Kriegszeit als Luftschutzbunker und bis 1953 mit ihren 450 Sitzplätzen als Notkirche der ausgebombten Bonner Bevölkerung. Im Kern handelt es sich um einen einschiffigen, tonnengewölbten Saal, der sich mit Rundbögen zu Nebenräumen öffnet. Die weiß gekälkten Wände der Krypta stehen in auffälligem Kontrast zum dunklen Klinkerfußboden.

Kreuzkirche

Tympanon

Gesamtsicht der Kreuzkirche

45

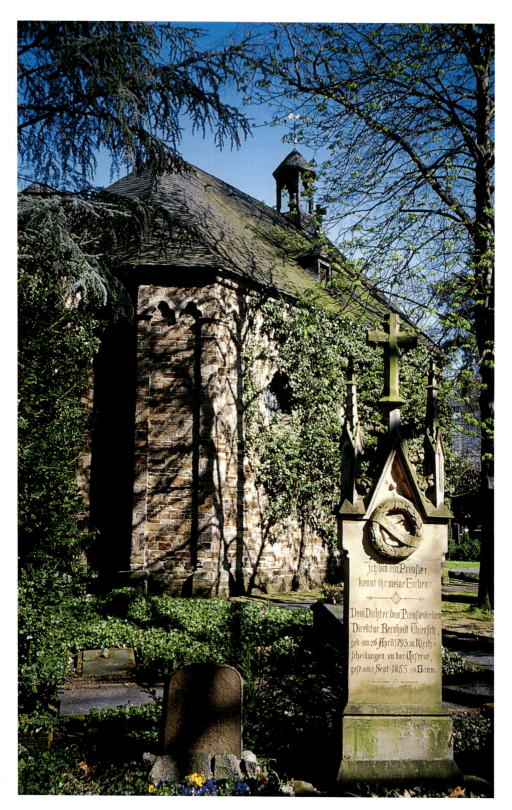

Blick über die Grabsteine des Alten Friedhofs auf die Friedhofskappelle

Friedhofskapelle

im Alten Friedhof in Bonn

Klein und unscheinbar steht abseits des Bonner Stadttrubels auf dem geschichtsträchtigen Alten Friedhof eine kleine Kapelle, deren kulturgeschichtliche Bedeutung sich dem Betrachter erst nach entsprechenden Hinweisen erschließt. Hier, wo so viele Bonner Persönlichkeiten des 18. und 19. Jahrhunderts aus Wissenschaft und Musik beerdigt liegen, wo wunderschöne Plastiken und Grabsteine die letzten Ruhestätten schmücken, ist eine rein romanische Friedhofskapelle zunächst nicht zu vermuten.

Die heutige Kapelle des Bonner Alten Friedhofs gehörte über 600 Jahre als St. Georgskapelle zur Kommende Ramersdorf, einem der beiden Sitze des Deutschherrenordens im Bonner Raum. Hier wurde diese Kapelle ursprünglich um 1220/30 errichtet. Es handelt sich um einen Bruchsteinbau, dessen Satteldach mit Schieferplatten eingedeckt ist und der sich im Apsidenbereich den Baulichkeiten entsprechend anpasst. Die Konstruktion ist dreijochig mit einem Mittelschiff, dem beidseitig etwas niedrigere Seitenschiffe beigegeben sind. Das Mittelschiff setzt

Hinweistafel

Links: Eingang zur Friedhofskapelle

> **INFO**
>
> **Friedhofskapelle**
>
> Alter Friedhof
> **Information:** Grünflächenamt der Stadt Bonn
> **Tel.:** 02 28 / 77 - 42 56
> **Öffnungszeiten Alter Friedhof:** März bis Oktober 7.30 bis 20.00 Uhr, November bis Februar 8.00 bis 17.00 Uhr
> **Öffnungszeiten Friedhofskapelle:** Nur bei Beerdigungen; im Rahmen von Führungen
> **Führungen:** Veranstaltet die Volkshochschule Bonn
> **Literatur:** • Sabine G. Cremer: Die Ramersdorfer Kapelle – Ein Beispiel für rheinische Denkmalspflege in der ersten Hälfte des 19. Jahrhunderts; in: Bonner Geschichtsblätter, 47/48, 1998, S. 253-268
> • Erika Zander / Jörg Bätz: Der Alte Friedhof in Bonn – Kunst und Geschichte(n), Bouvier Verlag Bonn 2001

Blick auf die Eingangsfront

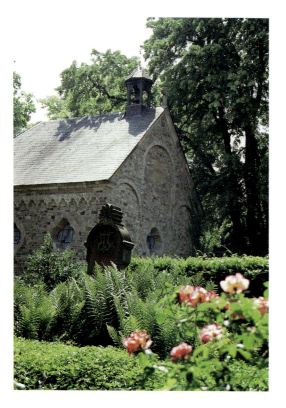

Ordenswappen an der Friedhofskapelle

sich in einem zweijochigen Chorbereich fort, der mit einer innen runden Apsis abschließt, und äußerlich als 5/8-Abschluss ausgebaut ist. Die schmalen Seitenschiffe schließen mit einer entsprechend kleineren Rundapsis ohne zwischengesetzte Joche ab – auch mit äußerem 5/8-Abschluss.

Das Mittelschiff dieser kaum 14x8 Meter messenden Kapelle wird durch Rundbögen getragen, die auf vier freistehenden Mittelsäulen mit Eckblattbasen und Kelchkapitellen ruhen, wodurch der Eindruck einer Hallenkirche entsteht. Wandseitig werden die Bögen in den Seitenschiffen auf Konsolen aufgesetzt. Hier in den Seitenschiffen deuten die spitzbogigen Quergurte schon den Übergang zur Gotik an.

Nach der napoleonischen Säkularisation, die auch zur Schließung der Kommende Ramersdorf führte, gelangte der gesamte Komplex in Privathand. Die St. Georgskapelle verfiel zunehmend. Weiteren Schaden richtete ein Brand im Jahr 1842 an. Und als sie dann einem Neubau weichen sollte, setzte sich der preußische Bauinspektor für ihren Erhalt ein. Es war die Zeit, in der die Bevölkerung im Zuge der romantischen Wiederentdeckung mittelalterlicher Kultur für die Bewahrung der Bausubstanz aus dieser Zeit mit großer Spendenfreudigkeit zur Renovierung romanischer und gotischer Burgen und Kirchen beitrug. So konnten auch mittels einer durch den Bauinspektor angeregten Flugblatt- und Sammelaktion die Mittel aufgebracht werden, um die St. Georgskapelle vor dem Abriss zu bewahren. Mit Unterstützung sogar des preußischen Königs erfolgte dann der Abriss zum Zwecke der Wiedererrichtung auf dem Gelände des Alten Friedhofs – ein Kompromiss in der Denkmalpflege, wie er zu jener Zeit nur allzu gerne eingegangen wurde.

So löblich auch der Erhalt der St. Georgskapelle war, gingen doch mit dem Abriss die wunderschönen alten Fresken in der Kirche unrettbar verloren. Der Bonner Zeichner Christian Lohe hielt diese einmaligen romanischen Bildwerke 1845 auf Aquarellen fest, so dass heute wenigstens noch ihr Erscheinungsbild bekannt ist. In den Jahren 1846/47 erfolgten dann der Abriss und die Wiedererrichtung am heutigen Standort, wo dieses Kleinod spätromanischer Kapellenbaukunst im großartigen Baumbestand des Bonner Alten Friedhofs steht.

Friedhofskapelle

Blick in den Chor der Friedhofskapelle

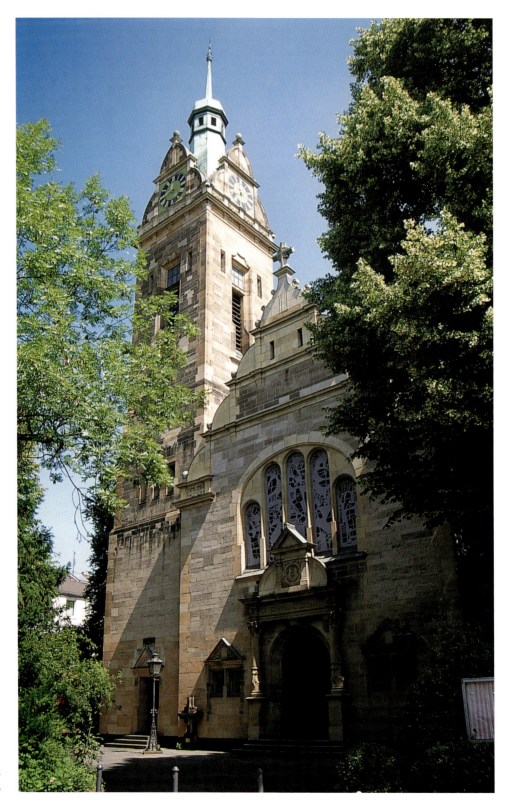

Frontansicht der Lutherkirche

LUTHERKIRCHE

EVANGELISCHE PFARRKIRCHE IN POPPELSDORF

Fährt man die Bonner Reuterstraße in Richtung Autobahn, so erhebt sich die Lutherkirche von der Straßenfront leicht zurückgesetzt zwei Straßen vor dem Botanischen Garten am ehemaligen Poppelsdorfer Schloss. Schon vor dem Ersten Weltkrieg hatte Poppelsdorf, der historische „Schloss"-Vorort der Bonner Altstadt, einen relativ hohen evangelischen Bevölkerungsanteil. Ein entsprechender Kirchenneubau war erforderlich, denn für die sonntäglichen Gottesdienste stand nur ein Beetsaal zur Verfügung. Die im Jahre 1899 erfolgte Ausschreibung gewann das renommierte Berliner Architekturbüro Vollmer/ Jassoy für das schwierig zu bebauende, nur 38 Meter breite, schräg zur Reuterstraße gestellte Grundstück.

Im Jahre 1903 konnte der Neubau, der seit 1947 den Namen Lutherkirche trägt, geweiht werden. Der rechteckige Saalbau im Stil der historisierenden deutschen Renaissance wird von seiner Schmuckfassade zur Reuterstraße geprägt, mit dem Turm an der linken und dem Emporenzugang an der rechten Seite. Die Fassade trägt einen mehrfach geschweiften Giebel. Über dem säulengerahmten, giebelgekrönten Portal sind fünf Rundbogenfenster mit Rundbogenabschluss zu einem einheitlichen Ganzen zusammengefügt. Der Turmabschluss mit Haube und Giebeln über den vier Seiten erinnert an Schlosstürme der Weserrenaissance. Der Baukörper ist mit Sand- und Tuffsteinen verkleidet.

Im Inneren öffnet sich ein tonnengewölbter, weiß gehaltener Saal mit Seitennischen unter den beidseitig angebrachten vier Rundbogenfenstern – nur die Chorabschlusswand ist in Grün abgesetzt. Kontrastierend heben sich der Holzton von Gestühl und Wandvertäfelung hiervon ab. Kirchenschiff und Chor gehen unmittelbar ineinander über. Die Orgelbühne ist leicht angehoben hinter dem Altar angebracht, dem die Kanzel rechts und der Taufstein links zur Seite stehen. Im Jahre 1965 erhielt die Kirche eine neue Orgel. Fassadensanierung und Einbau von Schallschutzfenstern, die an der lauten Reuterstraße erforderlich wurden, bildeten den Abschluss der letzten Renovierungsarbeiten.

Portal

INFO

Lutherkirche

an der Reuterstraße
Evgl. Pfarramt: 53115 Bonn, Kurfürstenstraße 20c)
Tel.: 02 28 / 21 64 24 · **Fax:** 02 28 / 9 12 52 79
Öffnungszeiten: Dienstags bis samstags 9.00 Uhr bis 17.00 Uhr
Konzertprogramm: · Information unter www.poppelsdorf.de · bei Kantor Berthold Wicke, Tel. 02 28 / 46 41 16

Blick über den Rhein auf die hervorragende Kapelle des Collegium Albertinum

Collegium Albertinum

Konvikt am Rhein auf historischem Boden

Unübersehbar prägt der ausladende Bau des neugotischen Collegiums Albertinum die Rheinfront neben dem heutigen Hotel Königshof im Süden des Stadtkerns von Bonn. Weit ragt die dreistöckige Kapelle des Collegiums aus der fünfstöckigen Backsteinfassade des Konviktgebäudes hervor.

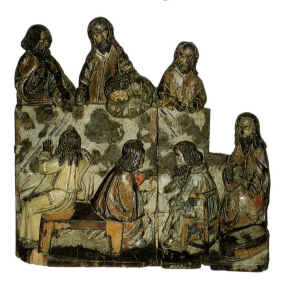

Die Architektur des Collegiums entspricht ganz dem historisierenden Zeitgeist, dem auch so viele andere Klosterneugründungen und -neubauten entstammen. In dem in Bonn neu gegründeten Collegium Albertinum sollten in aller räumlichen Zurückgezogenheit die Priesteranwärter im Erzbistum Köln ausgebildet werden. Erzbischof Philippus Krementz, der von 1867 bis 1885 dem Bistum Ermland vorstand, ließ sich für die Architektur des neuen Collegiums ganz von der Marienburg an der Nogat in Westpreußen inspirieren. Vergleichbar war für ihn die Lage am Fluss, die Anlage sollte den gleichen wehrhaften Charakter ausstrahlen, dafür war unter anderem das gleiche Baumaterial aus roten Ziegelsteinen Voraussetzung.

Im Gegensatz zur Marienburg wurde aber für das Collegium durch die Architekten Richter und Langenberg 1889 und 1890 keine Viereckanlage, sondern eine U-förmige Anlage konzipiert, deren Mittelpunkt die zum Rhein herausragende Kapelle bildet. Im Zentrum des Hauptflügels des Konviktgebäudes steht die zentrale Treppenhausanlage, an seinen Enden schließen sich symmetrisch Quertrakte als Wohnflügel an. Bogenfriese und einst vorhandene Satteldächer mit gleicher Firsthöhe stellten die optische Verbindung zwischen dem Wohnteil des Konviktes und der Konviktkapelle her.

Reliefskulptur in der Kapelle

INFO

Collegium Albertinum
Adenauerallee 17, 53111 Bonn
Tel.: 02 28 / 26 74 - 0 · **Fax:** 02 28 / 26 74 - 182
E-Mail: coll.albertinum-sekretariat@t-online.de
Internet: www. albertinum.de
Besichtigungen und Gespräche: Nur nach besonderer Vereinbarung, vor allem unter dem Gesichtspunkt Priestertum bzw. Berufung zum selben.
Römische Ausgrabungen: Öffentlich zugängliche römische Badeanlage am Parkplatz
Literatur: • Das Collegium Albertinum in Bonn, Zur Wiedereröffnung im November 1989, Bonn (Hrsg.: Coll. Albertinum) 1989

Blick in den Chor mit Altar

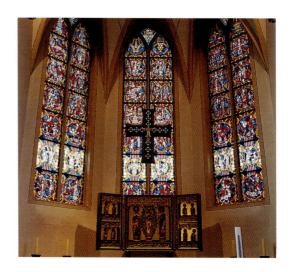

Dem Langhaus der Kapelle sind querschiffartige Ausbuchtungen angefügt. Am Vorchorjoch sind westlich beidseitig kleine Treppenrundtürme angefügt. Die Apsis wird seitlich von je einer abgeschlossenen Kapelle flankiert.

Im ursprünglichen Zustand trug eine Mittelsäule die flachen Netzgewölbe des Langhauses. Danach trat ein großer Leuchter an ihre Stelle – was eine grundsätzliche Veränderung des Raumeindrucks der Kapelle bedeutete. Der äußere Eindruck der Kapelle wird durch das steile Schieferdach, das vorkragende Querschiff und die unterschiedlich hoch angelegten, gotischen Fenster bestimmt. Ein Dachreiter sitzt ganz vorne auf dem steilen Dach.

Mit der zwischen 1985 bis 1989 vorgenommenen gründlichen Restaurierung des Collegiums Albertinum wurden nicht nur technische und optische Verbesserungen erbracht, sondern auch die Kapelle weitgehend in ihren ursprünglichen Zustand zurückversetzt. Vor allem ging es darum, die Mittelsäule wieder aufzustellen. Teile der ehemaligen Säule waren im übrigen noch vorhanden. Das Kapitell wurde vom Bildhauer Sepp Hürten, von dem auch der Altar, die Sakramentsstele und die Stele für die Marienfigur stammen, neu gestaltet. Er schuf auch die Bronzegitter, die die Seitenkapellen vom Chorraum abtrennen. Die Fenster im Chor wurden wieder auf die ursprüngliche Größe heruntergezogen. Die Kapelle erhielt auch ein neues Gestühl. Die vorher geteilte Orgel erhielt nunmehr einen zusammengefassten Platz in der Raumachse und nimmt seither die Fläche der ehemaligen Empore ein.

Hingewiesen werden soll noch auf die Funde römischer Bauten auf dem Gelände des Albertinums. Hier hatte das römische Militär über hundert Jahre nach dem Bataveraufstand 69/70 n.Chr. mehrere Wirtschafts- und Wohngebäudekomplexe errichtet, die aber bei den Frankeneinfällen nach 275 n.Chr. zerstört und nicht wieder aufgebaut wurden. Bei dem auf dem Parkplatz des Collegiums zur Besichtigung zugänglich gemachten Gebäudetrakt scheint es sich um das Wohnhaus eines kommandierenden Offiziers mit großzügigen Baderäumen gehandelt zu haben.

Blick in den Innenhof

Collegium Albertinum

Gesamtansicht

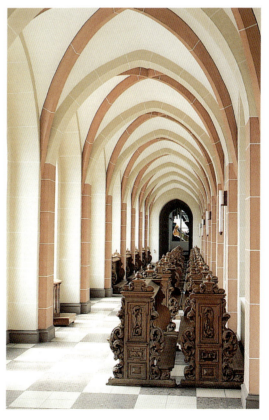

Links: Blick in das Kirchenschiff und auf den Chor

Rechts: Kreuzgang

Die Heilige Stiege der Kreuzbergkirche

Kreuzbergkirche

Barockes Kleinod in Ippendorf

Doppelkreuz auf dem Dachreiter der Heiligen Stiege

Das barocke Bauensemble, das Bonn so viel Glanz verleiht, wird durch die Kreuzbergkirche in der Achse zwischen Residenz und Poppelsdorfer Schloss einerseits und dem nicht mehr existenten Jagdschloss Röttgen andererseits gekrönt. Der Ausblick von der Kreuzbergkirche über Bonn hinaus in das Rheintal bis nach Köln ist bei schönem Wetter immer wieder ein Erlebnis – die Baumeister der Kirche haben dies gewusst.

Auch früher schon fühlten sich die Menschen zu diesem exponierten Landschaftspunkt hingezogen. Eine kleine gotische Kapelle an dieser Stelle war ihr Ziel, die sich zu einer immer häufiger aufgesuchten Wallfahrtsstätte entwickelte – ein Bildstock am Ortseingang von Ippendorf aus dem Jahre 1616 ist der erste nachgewiesene Hinweis hierzu. Die Verehrung galt – und gilt bis heute – dem Leiden Christi und der schmerzreichen Muttergottes. Bildstöcke führen zur heutigen Anlage, so die „Sieben-Schmerzen-Stationen" aus dem Jahre 1664 und die „Sieben Fußfälle", die 1864 entstanden.

Die alte Kapelle auf dem Kreuzberg war zu Beginn der Zeit des Dreißigjährigen Krieges in zerfallenem Zustand, so dass Kurfürst Ferdinand beschloss, an ihrer Stelle eine neue Kirche zu errichten, die schon 1628 geweiht werden konnte und uns bis heute erhalten geblieben ist. Hier erhielt die „Bruderschaft von den sieben Schmerzen der Gottesmutter" ihren Sitz, und zur Betreuung kamen Bettelmönche des Servitenordens. Ihnen errichtete der Kurfürst das kleine Klostergebäude am Westturm. Vermutlich wurde um diese Zeit das Gnadenbild der schmerzensreichen Mutter, eine kleine holzgeschnitzte Pieta, in der Kirche aufgestellt.

Die größte Sehenswürdigkeit der Kreuzbergkirche ist die Heilige Stiege, die Kurfürst Clemens August 1746 stiftete und 1751 fertiggestellt wurde, wie das schmiedeeiserne Tor zur Stiege ausweist. In der napoleonischen Ära mussten die Serviten die Kreuzbergkirche

Links: Schmiedeeisernes Tor im Eingang zur Heiligen Stiege

> **Kreuzbergkirche** **INFO**
>
> Stationsweg
> **Information:** Zentrum für Internationale Bildung und Kulturaustausch, Stationsweg 21, 53127 Bonn
> **Tel.:** 02 28 / 2 89 99 - 0 · **Fax:** 02 28 / 2 89 99 - 49
> **Öffnungszeiten:** 9.00 bis 15.00 Uhr (im Sommer 8.00 bis 18.00 Uhr)
> **Hochzeits-Service:** Schwester Priya erteilt Auskunft dienstags, mittwochs und donnerstags jeweils von 12.00 bis 12.30 Uhr und donnerstags auch von 16.00 bis 17.00 Uhr unter Tel. 02 28 / 2 89 99 - 20
> **Orgelkonzerte:** Regelmäßig an verschiedenen Wochenenden im Jahr, Internationale Orgelkonzerte mittwochs abends im Juli, 19.30 Uhr
> **Literatur:** • Walter Schulten: Die heilige Stiege und Wallfahrtsstätte auf dem Kreuzberg in Bonn, Rheinischer Verein für Denkmalspflege und Landschaftsschutz (Hrsg.): Heft 20 „Rheinische Kunststätten", Köln 1986
> • Andreas Arand, Peter Jurgilewitsch, Claus Schaefer: Die Orgel der Kreuzbergkirche, Bonner Musik Edition

Gesamtansicht der Kreuzbergkirche

verlassen. Später im 19. Jahrhundert pachteten Jesuiten das Anwesen, die bis 1872 die gemauerten Bildstationen der „Sieben Fußfälle" am Weg nach Endenich und die 14 Stationen des Kreuzweges errichteten – hiervon sind nur noch die Bauten der 12. und 14. Station erhalten. Nach den Jesuiten betreuten ab 1889 Franziskaner die Wallfahrtsstätte. Beschädigungen aus dem Zweiten Weltkrieg sind längst behoben. Seit 1969 dient das Anwesen der Kreuzbergkirche auf Initiative der internationalen Schönstattbewegung als kirchliche Fortbildungsstätte. 1980 übernahm das Schönstatt-Institut Marienbrüder, ein Säkularinstitut für Männer, das Kreuzberg-Anwesen und gründete ein „Zentrum für internationale Bildung und Kulturaustausch" mit einem Sprachinstitut. Von 1992 bis 1998 wurden die Fresken in der Kreuzbergkirche und in der Krypta mit dem Heiligen Grab erneuert und die Außenfassade der Heiligen Stiege wie auch des Kirchengebäudes erhielten einen neuen Anstrich. Rechtzeitig zur 250-Jahr-Feier der Einweihung der Heiligen Stiege wurden 2001 vor der Osterprozession die Fresken in der Heiligen Stiege restauriert und erstrahlen seither in neuem Glanz!

Als Vorbild für die Heilige Stiege an der Kreuzbergkirche diente Clemens August die *Scala Sancta* in Rom. Sie verkörpert die Sehnsucht des Menschen, dem Himmel nahe zu sein – dieser Sehnsucht wollte er mit der architektonischen Ergänzung zur Kreuzbergkirche Ausdruck verleihen. Kein anderer als Balthasar Neumann – der berühmteste Barockarchitekt seiner Zeit – gilt als Schöpfer dieses Kunstwerkes, das einmalig im ganzen Rheinland ist. Theatralisch ist der Eindruck der dreigeschossigen, dreiachsigen Fassade mit dem vorspringenden Balkon im ersten Stock und der von einem Doppelkreuz gekrönten Laterne über dem Schweifdach, das dem Haus des Pilatus sinnbildlich nachempfunden sein soll.

Die plastischen Figuren auf dem Balkon stellen die Ecce-Homo-Gruppe dar – „Ecce Homo" ist der Ausruf des Pilatus nach der Vulgata, der im 4. Jahrhundert erfolgten Übersetzung der Bibel aus dem Hebräischen, mit dem Pilatus den gegeißelten und dornengekrönten Jesus dem Volke vorstellte. In der bildenden Kunst des gesamten Mittelalters bis zum Barock wird in dieser Szene Christus mit Dornenkrone gezeigt, so auch hier an der Heiligen Stiege. Am Dachansatz oberhalb des Bal-

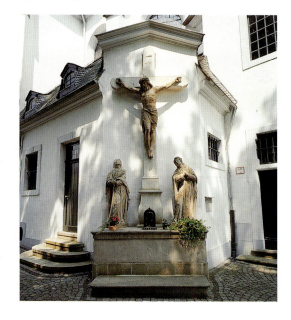

Kreuzigungsgruppe an der Kreuzbergkirche

Kreuzbergkirche

kons zeigt eine aufgesetzte Uhr eben jenen Zeitpunkt an, zu dem Pilatus vor das Volk trat.

Im Inneren der Heiligen Stiege führt eine dreiteilige Treppe in das obere Stockwerk hinauf. Die Pilger durften die mittlere, sogenannte Gnadentreppe aus buntem Marmor mit ihren achtundzwanzig Stufen nur auf Knien zu einer kleinen Kapelle mit einem Kreuzaltar emporgehen. Hinter diesem Kreuzaltar befindet sich ein Fürstenoratorium, von dem aus dem Kurfürsten der Blick durch ein mit Stuck gerahmtes Fenster im Altar in die Kreuzbergkirche auf die Gemeinde ermöglicht wurde. Für das einfache Volk der Gläubigen, die vom Kirchenschiff zum Oratorium aufblickten, hinterließ das Antlitz des betenden Herrschers, der ihnen oberhalb der auf dem Tabernakel dargestellten Helena erschien, einen fast göttlichen Eindruck. Die phantastischen Fresken im Inneren des Stiegenbaus stammen von Adam Schöpf und scheinen sein Gewölbe zum Himmel hin zu öffnen. Die Wände sind durch Scheinarchitekturen gegliedert. Figürliche und ornamentale Stuckarbeiten sind ganz weiß gelassen.

In der Krypta unter dem Stiegenbau befindet sich am Kopfende das durch ein schmiedeeisernes Gitter abgeschrankte Heilige Grab. Stuckarbeiten von Melchior Schwan stellen in einer mit Grottenwerk versehenen Nische die Figuren des Grabchristus und seiner Wächter dar. Die Ausmalung erfolgte durch Adam Schöpf, Scheinarchitekturen und Scheinfensteröffnungen darstellend. Aufgemalte Mauerrisse sollen der Krypta den Anschein einer Grotte vermitteln.

Die Kreuzbergkirche ist ein weiß verputzter barocker Ziegelbau, in dessen kreuzgratgewölbtem Langhau der prächtige Baldachinhochaltar mit der Statue der halb knienden Heiligen Helena, die zu dem von ihr gehaltenen Kreuz emporblickt, den zentralen Blickfang bildet. Das Querhaus der Kirche ist wenig ausladend. An jeder Seite des Langhauses sind zwei Räume angefügt. Links führt ein Raum zur Kanzel empor, der zwei-

Blick in das Kirchenschiff auf den Chor

Skulptierter Kanzelfuß

Blick auf den Altar über die Helenastatue

Bonner Stadtbezirke

Der General-Anzeiger berichtet über die Heilige Stiege der Kreuzbergkirche:

Jeder, der vor dem Portal zur Heiligen Stiege auf dem Kreuzberg steht, kann auch ohne Lateinkenntnisse das Jahr ihrer Erbauung herausfinden. Die Jahreszahl 1751 ergibt sich, wenn man die Großbuchstaben der lateinischen Inschrift aneinanderfügt. Im April vor 250 Jahren weihte Kurfürst Clemens August die Pilgerstätte ein. Pünktlich zum 250jährigen Bestehen haben die Restauratoren nach zehn Jahren Arbeit an der Stiege ihr Werk vollendet und zum Abschluss 15 Stationen für einen neuen Kreuzweg aufgestellt. Nachdem die Heilige Stiege außen lange Zeit in gelb und weiß gestrichen war, erhielt sie jetzt ihre ursprüngliche Farbgebung in grau-weiß zurück.

Die Treppe symbolisiert die Stufen im Palast des Pontius Pilatus. Jeweils in die sechste, zwölfte und 28. Stufe ist ein Emblem eingelassen: Die sternförmigen Metallplatten stehen für die Blutstropfen Jesu. Die Gläubigen pilgern alljährlich am Karfreitag und Karsamstag auf den Kreuzberg. Zu Ehren Jesu Christi rutschen sie auf den Knien die 28 Stufen zum Kreuzaltar hinauf.

Blick in die Heilige Stiege

te dient als Kapelle des Gnadenbildes der Schmerzensreichen Mutter im dort aufgestellten Peregrinusaltar. Ein Raum rechts wird vom Eingangsbereich eingenommen, der zweite Raum ist eine Beichtkapelle. Das Gewölbe der Kirche ist mit Fresken von Adam Schöpf ausgemalt, die 1745 vom Kurfürsten Clemens August in Auftrag gegeben worden waren. Der Turm vor der Westfassade, quadratisch bis zum Emporenniveau, wird oberhalb achteckig hochgeführt und trägt ein Spitzdach.

Der Hochaltar aus farbigem Marmor mit Christus im Tabernakel ist als Doppelmensa ausgebildet. Rechts und links tragen Doppelsäulen den Baldachin. Eine Stuckkuppel mit Vorhängen, Voluten, Girlanden und Putten schließt den Aufbau nach oben mit dem Deutschordenskreuz ab. Über den Seitendurchgängen erheben sich die weißen Statuen des Heiligen Philippus Benitius und der Heiligen Juliana Falconieri, dem ersten Generaloberst der Serviten bzw. der Gründerin der Servitinnen. Durch den Altaraufbau wird der Blick vom Oratoriumsfenster für den Kurfürsten freigegeben. Die beiden Seitenaltäre tragen in ihrem Aufbau Bildkopien (nach Murillo), links das Abbild der Heiligen Maria Magdalena und rechts das der Heiligen Rochus und Sebastian.

Die Stuckmarmorkanzel ist ein Meisterwerk des Rokoko und in ihrer künstlerischen Ausgestaltung an den Hochaltar an-

Kreuzbergkirche

Deckenfresken

Links: Gewölbefresko

Rechts: Relief an der Kanzel

Links: Orgel

Rechts: Schmiedeeisernes Gitter

gelehnt. Motive der vergoldeten Reliefs zeigen die Schlüsselübergabe an Petrus, den Sturm auf die Meere und die Bergpredigt. Von den vielen großen Gemälden in der Kirche aus dem 17. bis 19. Jahrhundert sei vor allem auf das große Verkündigungsbild an der Nordseite des Langhauses hingewiesen. Es kam um 1640 in die Kreuzbergkirche und ist eine Kopie des mittelalterlichen Gnadenfreskos aus der Gründungskirche St. Annunziata der Serviten in Florenz. Die Bronzeplatte im Mittelgang der Kreuzbergkirche schließt eine Treppe zur Gruft der Serviten ab, die ihre Toten hier bis zur Säkularisation beisetzten. Die Empore der rückwärtigen Kirchenwand wird ganz von der Orgel eingenommen. Es handelt sich um das älteste erhaltene Bonner Barockorgelgehäuse mit einer restaurierten Orgel der Bonner Orgelbaufirma Klais, deren wunderbarer Klang die Kirche bei den vielen Orgelkonzerten im Jahr erfüllt.

Portalansicht

St. Elisabeth

Katholische Pfarrkirche in der Südstadt

Die mit der zunehmenden Industrialisierung des Deutschen Reiches im 19. Jahrhundert einhergehende Verstädterung hat auch vor Bonn nicht haltgemacht. So entstand südlich des Einzugsgebietes der Münsterpfarre um die Wende zum 20. Jahrhundert das neue Bonner Stadtviertel, das heute als Südstadt bezeichnet wird, und das – wie sich unschwer an den hier gebauten wunderschönen Jugendstilhäusern erkennen lässt – zu den wohlsituierten Stadtvierteln zu zählen ist. Von vornherein war hier der Bau einer Filialkirche zur Münsterpfarre vorgesehen. Die 1901 vorgenommene Bauausschreibung gewann der Mainzer Dombaumeister Ludwig Bekker, 1906 war Baubeginn, 1910 erfolgte die Fertigstellung, und 1912 wurde die der Heiligen Elisabeth geweihte Kirche zur eigenständigen Pfarrkirche des Südstadtbezirks erhoben. Nach dem Zweiten Weltkrieg wurde die seelsorgerische Betreuung der Elisabethgemeinde dem Orden der Monfortaner, der auf den bretonischen Priester Grignion Monfort (1683-1716) zurückgeht, übertragen.

Engelsfigur

Neben der Elisabethkirche entstanden in den neuen Bonner Stadtrandbezirken eine ganze Reihe historisierender Kirchenbauten – keiner dieser vielfältigen Neubauten steht so frei wie eben diese Elisabethkirche. Insofern soll die Elisabethkirche stellvertretend

Links: Portal

INFO

Pfarrkirche St. Elisabeth

Schumannstraße
Kath. Pfarramt: St. Elisabeth, Bernard-Custodis-Straße 2, 53113 Bonn
Tel.: 02 28 / 21 26 60 · **Fax:** 02 28 / 21 16 81
Internet: www. St-Elisabeth-Bonn.de
Führungen: jeweils am Tag der offenen Tür durch Frau Schlicht, Tel. 02 25 / 58 72
Literatur: • Ros. Sachsse-Schadt: Bonn – Pfarrkirche St. Elisabeth, Schnell Kunstführer Nr. 1251, Verlag Schnell&Steiner, München/Zürich 1980

für alle anderen Sakralbauten dieser Art an dieser Stelle beschrieben werden.

Der Baukörper der Elisabethkirche entspricht ganz dem neoromanischen Zeitgeist und kann die vorbildliche Anlehnung an so berühmte ursprünglich romanische Kirchen wie etwa der Abteikirche in Brauweiler nicht verleugnen. Das Langhaus ist basilikal mit niedrigeren Seitenschiffen angelegt, über der Vierung des seitlich nicht vorstehenden Querschiffes erhebt sich ein achteckiger Turm. Die Chorpartie wird von einer runden Hauptapsis abgeschlossen, in der Verlängerung der Seitenschiffe sind schmale Rundapsiden angebracht, an die sich Chorflankentürme anlehnen. Die Westpartie wird von dem den ganzen Baukörper weit überragenden viereckigen Kirchenhauptturm mit beidseitig angebrachten Treppentürmen bestimmt. Verputzte Bauteile stehen in ausgewogenem Verhältnis zu den Bauelementen, deren Stein- und Quaderaufbau frei liegt. Das architekonisch geschlossene Erscheinungsbild der Elisabethkirche wird noch durch die gleichmäßig angebrachten Zierelemente wie Gesimse, Lisenen und Friese unterstrichen.

Der Kirchenbaumeister der Elisabethkirche hat in ihrem Inneren bewusst die architektonischen Strukturelemente wie beispielsweise Rippen und Gesimse oder Lisenen und Dienste, die hier keine tragenden Funktionen mehr haben, plastisch herausgearbeitet, um den neoromanischen Eindruck des Gesamtbaus herauszustreichen. Bauplastik schmückt sowohl das Innere als auch das Äußere der Kirche – hierzu wurden die Vorbilder in der sakralen Plastik Frankreichs aus dem 13. Jahrhundert gesucht. Die Bemalung der Innenwände ist beeindruckend – hier wurde bewusst stark auf byzantinische Vorbilder

Oben: Figurenschmuck
Mitte: Fresko
Unten: Fensterrose

St. Elisabeth

zurückgegriffen. Die ursprüngliche Verglasung der Kirchenfenster hielt den Innenraum der Elisabethkirche relativ dunkel. Durch Kriegszerstörungen mussten aber viele Fenster ersetzt werden. Für die Chorfenster wurde dabei ein tiefes Blau gewählt, im Mittelschiff dominiert Helle. Im Querschiff sind noch ursprüngliche Fenster mit Motiven aus dem Leben der Heiligen Elisabeth und beispielsweise in den Seitenschiffen mit Bilderzyklen aus dem Apostelleben vorhanden. Interessant ist nicht zuletzt noch der Kreuzweg, dessen Figurenstationen in den Pfeilern ruhen – die vierzehnte Kreuzwegstation schuf Hans Faulhaber 1928 nach dem Vorbild von Renaissance-Wandnischengräbern. Die Orgel stammt aus der berühmten Bonner Klais-Werkstatt.

Oben links: Kanzel

Oben Mitte: Marienaltar

Oben rechts: Taufstein

Links: Blick aus dem Hauptschiff über die Vierung in den Chor

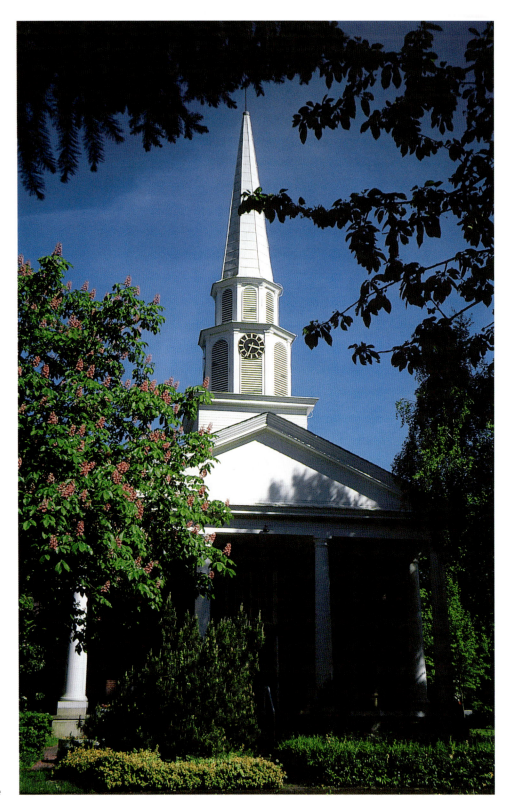

Amerikanische Kirche

Amerikanische Kirche

Stimson Memorial Chapel

Keine Kirche des gesamten Bonner Raumes fällt so aus dem architekturhistorischen Rahmen wie die Amerikanische Kirche in Plittersorf an der Kennedyallee. Die Godesberger fühlen sich angesichts der schneeweißen Säulen des Eingangsportals

dieser Kirche eher nach den amerikanischen Südstaaten als an den Rhein versetzt – das Ambiente passt eher zu Scarlet O'Hara aus „Vom Winde verweht"...

Die in klassisch amerikanischer Kolonialbauweise konzipierte Amerikanische Kirche wurde 1952 errichtet. Es ist ein Saalbau, beidseitig großzügig befenstert. Auf dem Dach ist der Kirche ein Turm in Form eines zweistöckigen Reiters mit Spitzdach aufgesetzt. Vier Säulen tragen den Tympanon der offenen Vorhalle des denkmalgeschützten Kirchenbaus.

Eine Besonderheit zeichnet die Amerikanische Kirche seit ihrer Einweihung durch den Hohen Kommissar John McCloy im Juli 1952 aus. Sie dient sowohl den Protestanten als auch den Katholiken als Gebetshaus – eine gelebte Ökumene der American Protestant Church mit der katholischen Gemeinde St. Thomas More Parish.

Als abzusehen war, dass die US-Amerikanische Botschaft im Zuge der Verlagerung der Bundesregierung von Bonn nach Berlin wegziehen würde, stand auch die Frage nach der Fortführung der Amerikanischen Kirche an. Ein „Komitee für die Zukunft der Stimson Chapel" – dies ist der offizielle Name der Amerikanischen Kirche – als Zusammenschluss deutscher und amerikani-

Gedenktafel

American Church / Stimson Memorial Chapel

Kennedyallee
Pfarrbüro Amerikanische Protestantische Gemeinde: Kennedyallee 150, 53175 Bonn · **Tel.:** 02 28 / 37 31 93 · **Fax:** 02 28 / 37 33 93
E-Mail: apc_bonn@t-online.de
Internet: http://home.t-online.de/~APC_Bonn
Pfarrbüro Saint Thomas More Catholic Community: Kennedyallee 150, 53175 Bonn · **Tel.:** 02 28 / 37 35 26
Öffnungszeiten: normalerweise 9.00 bis 12.00 Uhr (bitte Seiteneingang benutzen)
Programme: Die Amerikanische Kirche bietet – auch in Kooperation mit der katholischen amerikanischen Kirchengemeinde – Gruppenarbeit, Bibelseminare etc. an; Rückfragen im Pfarrbüro

Bonner Stadtbezirke

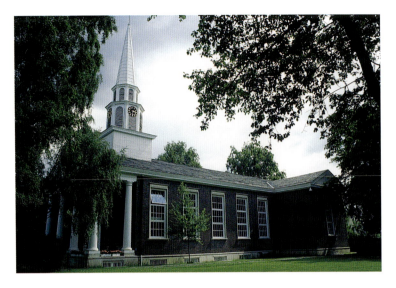

Oben: Seitenansicht

Unten: Taufstein

Der General-Anzeiger berichtet über die Amerikanische Kirche:

Die Neuigkeit verbreitete sich in Bad Godesberg wie ein Lauffeuer: Clinton kommt am 20. Juni 1999 und schenkt Oberbürgermeisterin Bärbel Dieckmann die Amerikanische Kirche. Ein Anlass, den sich der eine oder andere nicht entgehen lassen will. Zugleich der Schlussakt unter das Drama um die zukünftige Verwendung der schmucken Kirche, die an das Südstaaten-Epos „Vom Winde verweht" erinnert.

Und vom Besuch des amerikanischen Präsidenten:

Die Polizei ließ am Sonntagnachmittag die am Straßenrand geparkten Wagen zu einem zentralen Sammelplatz an der Rheinaue fahren. Die Sicherheitskräfte wollen kein Risiko eingehen. Abgesperrt wird noch die amerikanische Siedlung und vor allem der Bereich an der Stimson Memorial Chapel. Kurz nach 18.20 Uhr bahnen sich die Polizeikräder, Einsatzwagen und die Präsidentenlimousine mit Bill Clinton und Ehefrau Hillary den Weg zur Kennedyallee. In einer fesselnden Ansprache berichtet der amerikanische Präsident über die Ergebnisse des soeben zuendegegangenen G8-Gipfeltreffens in Köln. Clinton trägt sich ins Goldene Buch der Stadt Bonn ein und Oberbürgermeisterin Bärbel Dieckmann bekommt symbolisch die Schlüssel für die Stimson Memorial Chapel überreicht.

scher Christen kümmert sich seither erfolgreich um ihren Erhalt. Denn, so argumentiert das Komitee zu Recht, auch nach dem Wegzug der amerikanischen Botschaft wird Bonn weiterhin ein Zentrum der internationalen Begegnung bleiben, und die Amerikanische Kirche wird ihre Funktion als Sammelstelle englischsprachiger christlicher Gemeinden behalten. Das hinter dieser Um-

Amerikanische Kirche

widmung stehende finanzielle Problem löste Bill Clinton als amerikanischer Präsident: Er schenkte die Kirche der Stadt Bonn. Die Schenkungsurkunde der Amerikaner sieht sogar vor, dass das Gebäude weiter für kirchliche Zwecke genutzt werden soll.

Ihren Namen „Stimson Memorial Church" trägt die Amerikanische Kirche in Bad Godesberg übrigens nach dem amerikanischen Kriegsminister Henry L. Stimson, der von 1867 bis 1950 lebte. Er war im übrigen der einstige Vorgesetzte des Hohen Kommissars McCloy. Und sein Neffe Arthur H. Stimson setzte sich im Komitee nachhaltig für den Erhalt des amerikanischen Gotteshauses ein.

Blick in das Innere der Amerikanischen Kirche

Blick in die Vierung der Doppelkirche Schwarzrheindorf mit der Öffnung in die Oberkirche

St. Maria und St. Clemens

Doppelkirche in Beuel-Schwarzrheindorf

Man kann sich gar nicht mehr vorstellen, wie wichtig einst die Rheinfurt beim heutigen Schwarzrheindorf gewesen ist – linksrheinisch riegelten die römischen Legionäre aus der *Castra Bonnensia* diesen Flussübergang ab. Rechtsrheinisch hatten die Römer

Landwirtschaftsflächen und ihren Truppenübungsplatz. Als die Römer abzogen, übernahmen die fränkischen Könige dieses vormalig römische Domänenland. Die Güterverwaltung übertrugen sie Pfalzgrafen, deren letzter im Bonner Rheinland vom Kölner Erzbischof Anno II. vertrieben wurde. Der rechtsrheinische Besitz wurde den Grafen von Wied übertragen, die hier schon begütert waren und eine Burg errichtet hatten.

Erbauer der dem Heiligen Clemens geweihten Doppelkirche an der gräflichen Burg war Reichskanzler Arnold von Wied, designierter Kölner Erzbischof. Die Doppelkirche sollte seine Haus- und Bestattungskirche werden. Am 24. April 1151 wurde sie in Anwesenheit von viel Prominenz, darunter König Konrad III., mit vier Altären geweiht. Also hatten hier vier Geistliche Altarpfründe erhalten und lebten in einer Mönchsgemeinschaft zusammen, für die sie auch königlichen Schutz erhielten. Graf Arnold übergab noch zu seinen Lebzeiten die Doppelkirche seiner Schwester Hedwig, die hier nach seinem plötzlichem Tod im Jahre 1156 ein Benediktinerinnenkloster gründete, dem sie dann auch – einschließlich der Mönchsgemeinschaft – vorstand.

Dadurch, dass der Doppelkirche nunmehr ein größeres Frauenkloster angeschlossen war, wurden bauliche Veränderungen erfor-

Gesamtansicht der Doppelkirche

**Doppelkirche
St. Maria und St. Clemens**

Dixstraße
Kath. Pfarramt: Beuel – Schwarzrheindorf, Dixstraße 41, 53225 Bonn
Tel.: 02 28 / 46 16 09 · **Fax:** 02 28 / 46 16 09
Öffnungszeiten: außerhalb der Gottesdienste von 9.00 bis 19.00 Uhr (im Winter von 9.00 Uhr bis zur Dämmerung), sonn- und feiertags erst ab 12.30 Uhr; Galerie und Oberkirche nur samstags und sonntags.
Führungen: Auskunft für angemeldete Gruppen beim Pfarramt oder über das Katholische Bildungswerk Bonn, Tel. 02 28 / 2 28 04 - 50
Literatur: • Karl König: Kirchenführer St. Maria und St. Clemens, Schwarzrheindorf, Bonn 2000

Chorpartie der Doppelkirche

derlich. Hedwig ließ das Kirchenschiff um zwei Joche nach Westen verlängern, um auf diese Weise Platz für eine Nonnenempore zu schaffen. Gleichzeitig ließ sie den Vierungsturm aufstocken. Im Laufe der folgenden Jahrhunderte veränderte sich das Klosterleben. Seine Einnahmen dienten zunehmend der Versorgung der Insassen, die nunmehr adeliger Herkunft sein mussten. Diese Entwicklung zum freiadeligen Stift erfolgte endgültig zum Ausgang des Mittelalters.

Die beginnende Neuzeit brachte nicht nur gute Tage für Stift und Kirche. Im 16. Jahrhundert lösten Wiedertäufer Unruhen aus. Noch im 16. und im 17. Jahrhundert erlitt die Doppelkirche tiefgreifende Kriegsschäden, die unter dem Kurfürsten Clemens August zwischen 1742 und 1752 ausgebessert wurden. Er ließ – dem barocken Zeitgeschmack entsprechend – die romanischen Wandmalereien beider Kirchenetagen übertünchen. Infolge der napoleonischen Besetzung des Rheinlandes wurde das Stift 1803 aufgelöst. Burg und Klostergebäude wurden abgerissen, und die Kirche der Pfarre überwiesen. Erst Mitte des vorigen Jahrhunderts entdeckte man die mittelalterlichen Wandmalereien wieder, restaurierte sie und befreite sie in den 30er Jahren dieses Jahrhunderts von allen Übermalungen. In den 50er Jahren erfolgte dann die grundlegende Renovierung, bei der u.a. ein neuer Außenputz angebracht wurde, der auch heute noch das äußere Erscheinungsbild der Doppelkirche mit prägt.

Die Doppelkirche von Schwarzrheindorf zählt zweifelsohne zu den bedeutendsten Sakralbauten des Rheinlandes. Ihr Vorbild ist der Typus der doppelgeschossigen Pfalzkapelle, wie sie der Aachener Dom am prägnantesten repräsentiert. Der untere Kirchenraum war dem gemeinen Volk zugänglich, der obere Raum dem Herrscher vorbehalten, der durch eine Sichtöffnung am Gottesdienst der Unterkirche teilhaben konnte. In Schwarzrheindorf besteht hierfür eine achteckige Öffnung im Vierungsgewölbe.

Im kreuzförmigen Grundriss der Kirche wird die Tradition frühchristlicher Grabbauten deutlich, der architektonische Grundcharakter als Vierkonchenanlage weist auf byzantinische Vorbilder hin – immerhin hat Graf Arnold an zwei Kreuzzügen teilgenommen. Die Zweiteilung der Kirche in einen Unter- und einen Oberbau wird auch im Außenaufbau deutlich. Während das Un-

St. Maria und St. Clemens

Oben: Kapitelle der Galeriearkaden

Links: Galerie der Doppelkirche

tergeschoss weitgehend schmucklos gehalten ist, wird das Obergeschoss durch eine umlaufende Zwerggalerie und mit Lisenen, Rundbögen, Nischen-, Vierpass- und Lilienfeldern geschmückt. Der gewölbte Außenbogengang mit seinen wechselnden einfachen und doppelten Säulen wie säulenbesetzten Pfeilern mit besonders aufwendigen und vielgestaltigen Kapitellen stellt eine der herausragenden künstlerischen Leistungen der hier tätigen Steinmetze dar – und war übrigens durch eine schräge Brücke mit der einstigen gräflichen Wied'schen Burg verbunden.

Die künstlerischen Außenelemente setzen sich übrigens nicht im erweiterten Langhaus fort. Dafür dominiert der im gleichen Zug aufgestockte Vierungsturm mit seinem spitzen Helm den gesamten Kirchenbau. Seine Außenwände sind aber wie der älteste Teil des Baukörpers gleichermaßen mit Lisenen, Rundbögen, Nischen, Vierpass- und Lilienfenstern reich gegliedert.

Wenn sich auch die Ausmaße der Doppelkirche in Schwarzrheindorf nicht mit denen der großen romanischen Kirchenbauten des Rheinlandes messen können, so steht sie doch in einem unmittelbaren künstlerischen Zusammenhang zu diesen. Der Bautypus als Doppelkirche mit der Sichtöffnung aus der Oberkirche zum Altar entspricht dem Architekturprinzip der Pfalzkapellen, die ihr großes Vorbild im Aachener Dom haben. Die Zwerggalerien erinnern an den Dom zu Speyer, später findet man sie beispielsweise auch im Mainzer Dom, ihren Kleeblattchor in größeren Ausmaßen in Groß St. Martin, der mächtigsten der Kölner romanischen Kirchen, wieder.

Bonner Stadtbezirke

Marien-Brunnen vor dem Aufgang zur Oberkirche

Es ist aber nicht nur die Architektur, die die Doppelkirche so wertvoll macht, es sind vielmehr die Malereien im Inneren beider Etagen des Kirchenbaus, die ihre wahrlich einmalige Schönheit ausmachen – der gute Erhaltungszustand geht im wesentlichen auf die spätere Übertünchung zurück, die erst 1845 festgestellt wurde.

Den Bildern der fünf Kreuzgratgewölbe der Unterkirche, die wahrscheinlich schon bei der Einweihung im Jahre 1151 fertiggestellt waren, liegen Textmotive des alttestamentarischen Propheten Ezechiel zugrunde, denen die neutestamentarische Erfüllung in der christlichen Kirche gegenübergestellt wird. Bei den Weissagungen Ezechiels handelt es sich um die Zerstörung Jerusalems, die Vernichtung und Verbannung des Volkes Israel und den Wiederaufbau des Neuen Jerusalem. Im Mittelalter wurde diese Vision als Vordeutung der Erlösungstat Christi angesehen, die durch

Im Zugangsbereich zur Doppelkirche aufgestellte Grabplatten

die Wandmalereien thematisch in den Szenen der Tempelreinigung, der Verklärung auf Tabor und der Kreuzigung aufgegriffen wird. Der Raumeindruck der Darstellungen wird durch die Farbigkeit der Malerei unterstrichen. Die figürlichen Szenen sind auf grünumrandetem Grund stark blau gehalten, für Bauten und Zierwerk wurde eher Rot und Gelb verwendet.

Die Wandmalereien in der Oberkirche entstanden zeitgleich mit dem kirchlichen Erweiterungsbau mit der Nonnenempore ab 1173 – auch sie wurden übertüncht, 1868 wieder entdeckt und ab 1875 restauriert. Hier oben beziehen sich die Malereien auf das Klosterleben. In der Apsis wird Christus als Weltenrichter dargestellt, zu seinen Füßen flankiert von den beiden Kirchenstiftern Graf Arnold in Bischofstracht und seiner Schwester Hedwig als Äbtissin. Ihnen zur Seite stehen vier Heilige, Johannes der Täufer sowie Petrus, Stephanus und Laurentius, die schon als Patrone der Altäre der Unterkirche auftauchen. An den Chorseitenwänden werden Motive aus dem Leben von Maria und Johannes, im Chorgewölbe des Himmlischen Jerusalem mit den um das apokalyptische Lamm gruppierten Scharen der Auserwählten aufgegriffen – hier findet sich dann auch unter anderem ein gedanklicher Bezug zu den Malereien der Unterkirche.

Eine große gestalterische Leistung stellt auch die Fähigkeit der Künstler dar, trotz aller Einschränkungen durch die vorgegebene Bausubstanz eine Einheit von Architektur und Malerei herzustellen. Die durch die Gewölbe wie auch durch die Wandflächen bedingten schwierigen Malflächen werden dabei geschickt für die Geltung der Darstellung genutzt.

Neben den großartigen Wandmalereien ist von der Innenausstat-

Madonna in der Unterkirche

Links: Altarfigur in der Oberkirche

Rechts: Orgel in der Oberkirche

Fresken der Doppelkirche

Links: Erscheinung des Herrn

Rechts oben: Vermessung des neuen Jerusalem

Rechts mitte: Kreuzigung Christi

Rechts unten: Engeldarstellung

tung der Doppelkirche Schwarzrheindorf wenig verblieben. Wertvollstes Einzelstück ist eine hölzerne Madonnenfigur aus dem frühen 17. Jahrhundert als Teil einer Doppelstatue, die aus der Bonner Minoritenkirche hierher gelangte, und die dem oberschwäbischen Bildhauer Christoph Rodt zugeschrieben wird. Der zweite Teil und Gegenstück der Doppelmadonna ist im übrigen im Kölner Schnütgenmuseum ausgestellt.

Die üppig verzierte Orgel in der Oberkirche wurde 1728 für die Franziskanerkirche in Koblenz gebaut und gelangte in den Säkularisationswirren zunächst nach Mayen, Ende des 19. Jahrhunderts nach Nachtsheim und 1936 nach Schwarzrheindorf. Erwähnenswert ist auch noch die von Kurfürst Clemens August 1747 in Auftrag gegebene Grabplatte für Erzbischof Arnold von Wied. In den 50er Jahren des 20. Jahrhunderts wurde der Altarraum der Unterkirche neu gestaltet – die Fenster entstammen Entwürfen von Anton Wendling.

St. Maria und St. Clemens

Der General-Anzeiger berichtet aus Anlass der 850-Jahr-Feier der Doppelkirche in Schwarzrheindorf:

Am 24. April des Jahres 1151 erlebte das Rheinland einen seiner großen historischen Tage: Die Einweihung der Doppelkirche von Schwarzrheindorf. Sie zählt zu den bedeutendsten kirchlichen Ereignissen des Mittelalters, weil die mächtigsten Männer im deutschen Raum damals hier zusammentrafen und gleichsam ihrer Zeit ein Zeichen setzten von der geistlich-weltlichen Einheit der damaligen christlichen Weltordnung.

Die Kirche, deren Einweihung hier so bedeutungsvoll begangen wurde, gehört zu den großen Kunstschätzen im Rheinland und ist einer der edelsten Bauten der romanischen Zeit, zeitlich und kunsthistorisch anzusiedeln zwischen dem Bonner Münster und den vollendeten Kleeblattformen von St. Aposteln in Köln.

An der Siegmündung gelegen, da wo das malerische Tal des Mittelrheins endet und in die großartige Weite des Niederrheins übergeht, gehört die Kirche von Schwarzrheindorf zu den prägenden Bauten und den touristischen Höhepunkten des Bonner Stadtbildes und der gesamten Rheinlandschaft.

Brunnenfigur vor der Doppelkirche

Pfarrkirche St. Peter

St. Peter

Katholische Pfarrkirche in Beuel-Vilich

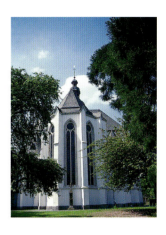

Choransicht

An exponiertem Standort auf einer Anhöhe an der Sieg nahe ihrer Mündung in den Rhein erhebt sich weit sichtbar der weiß getünchte Turm der Vilicher Kirche mit ihrer charakteristischen barocken Haube mit doppeltem Laternenaufbau. Dieser Standort, wo das Gelände nördlich des Siebengebirges schon weit in die Kölner Bucht übergeht, wurde bereits in fränkischer Zeit als Begräbnisstätte genutzt – jedenfalls stand am Ende des 8. Jahrhunderts auf diesem Gräberfeld schon die kleine, rechteckige Eigenkirche eines Gutsherren. Noch vor der Mitte des 10. Jahrhunderts wurde diese Kirche um einen Ostanbau ergänzt, so dass die Vermutung naheliegt, dass es sich nunmehr schon um die Pfarrkirche des Ortes Vilich handelte.

In Vilich bestand also schon eine Ansiedlung, als Ende des 10. Jahrhunderts – man vermutet im Jahr 978 – ein adeliges Stifterehepaar in Vilich ein Kloster gründete. Sie brachten das Erbe ihres verstorbenen Sohnes als Pfründe in das Kloster ein. Ihre Tochter Adelheid siedelte aus dem Kölner St. Ursula-Stift in das neue Vilicher Kloster über und übernahm dessen Leitung. Mit Unterstützung ihrer älteren Schwester Bertrada, der Äbtissin des Benediktinerinnenklosters St. Maria auf dem Kapitol in Köln, führte sie hier die strenge Benediktinerregel als Kontrast zu ihrem vormaligen, leichteren Leben im Stift ein. Es war nun einmal die Zeit der Reformorden, die sich die Wiederbelebung der ursprünglichen christlichen Glaubenslehre zum Ziel gesetzt hatten. Als Adelheid im Jahre 1015 verstarb, eilte ihr bereits der Ruf der Heiligkeit voraus. Eine um die Mitte des 11. Jahrhunderts erschienene Biographie der Heiligen Adelheid verfestigte ihren Ruf, so dass sich Vilich schon bald zu einem Wallfahrtsort entwickelte.

Die erste Klosterkirche konnte angesichts der zunehmenden Berühmtheit der Adelheid den Pilgerstrom nicht mehr aufnehmen. An der Stelle ihres Grabes wurde bis 1056 ein erheblich größerer Neubau errichtet, der bis Ende des 13. Jahrhunderts noch zusätzliche Erweiterungen fand. Das Kloster war nämlich inzwischen sehr reich geworden und verfügte über Besitzungen weit über Vilich und die untere Sieg hinaus bis Düssel-

Pfarrkirche St. Peter

INFO

Adelheidisstraße
Kath. Pfarramt: Schillerstraße 20, 53225 Bonn
Tel.: 02 28 / 46 61 08 · **Fax:** 02 28 / 47 09 41
Öffnungszeiten: tagsüber
Führungen: Katholisches Bildungswerk Bonn, Tel. 02 28 / 67 34
Literatur: • Irmgard Achter: Die Stiftskirche St. Peter in Vilich, Kunstdenkmäler des Rheinlandes, Rheinland Verlag Düsseldorf 1968
• Helga Giersiepen: das Kanonissenstift Vilich von seiner Gründung bis zum Ende des 15. Jahrhunderts, Veröffentlichungen des Stadtarchivs Bonn, Band 53, 1993
• 1000 Jahre Stift Vilich 978-1978, Ludwig Röhrscheid Bonn 1978

Gesamtansicht

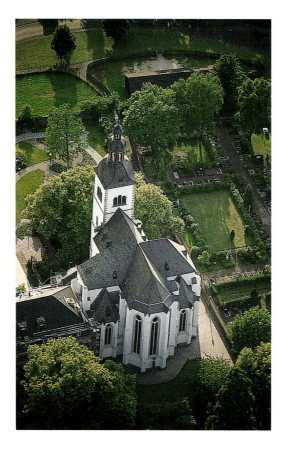

Grabsteine an der Pfarrkirche St. Peter

dorf. Um 1050 wurde übrigens auch die bei der Klosterkirche gelegene Vilicher Pfarrkirche St. Paulus neu gebaut, fiel jedoch Unterspülungen des Flusses zum Opfer, so dass sie nach 1756 abgerissen werden musste.

Doch bevor dies alles passierte, wurde das Vilicher Kloster vor dem Hintergrund von Auseinandersetzungen um die Vilicher Vogtei Ende des 13. Jahrhunderts in ein adeliges Stift unter der Oberaufsicht des Kölner Erzbistums umgewandelt. Wirtschaftliche Probleme, auch wegen der umfangreichen Bauarbeiten an der Klosterkirche, die wohl das Kloster überfordert hatten, mögen hierfür ausschlaggebend gewesen sein. Später besserten sich aber die wirtschaftlichen Verhältnisse des nunmehrigen Stifts wohl wieder.

Die historischen Ereignisse der folgenden Jahrhunderte verschonten auch den Vilicher Stiftskomplex nicht. Im Truchsessischen Krieg um Bonn wurde das Langhaus der Stiftskirche 1583 aus strategischen Gründen abgerissen. Dem Wiederaufbau bereitete ein Brand im Jahre 1632 ein jähes Ende. Doch bis 1641 waren die Stiftsgebäude wieder hergestellt und die Kirche in der heutigen Form neu entstanden.

Nachdem französische Revolutionstruppen 1794 das linke Rheinufer besetzt und dort Klöster und andere Kircheneinrichtungen säkularisiert hatten, war es dann zu Beginn des 19. Jahrhunderts auch rechtsrheinisch mit Klöstern und Stiften vorbei. Die Stiftskirche, die nach dem Abriss der alten Ortskirche im Jahre 1765 schon teilweise der Vilicher Kirchengemeinde zur Verfügung stand, übernahm nun gänzlich die Funktion der Vilicher Pfarrkirche. Die ehemaligen Stiftsgebäude wurden verpachtet und das alte Pastorat aus dem 13. Jahrhundert, das man im 18. Jahrhundert umgebaut hatte, diente nunmehr als Pfarrhaus. Später wurden die Stiftsgebäude als Pensionat und Hospital genutzt, bis Cellitinnen aus Köln mit den Mitteln einer Schenkung hier Einzug halten konnten. Nach erforderlichen Ausbesserungen aufgrund von Bombenschäden im Jahr 1944 dienen die historischen Gebäude als Altenheim, das von den Ordensfrauen geführt wird. Im Jahre 1978 konnte dann die Tausendjahrfeier der Klostergründung feierlich begangen werden. Dazu bestätigte Papst Paul VI. die Verehrung der Heiligen Adelheid – ein ehrwürdiger Augenblick für Vilich!

Den Kern der heutigen Vilicher Pfarrkirche St. Peter bildet die am Ende der ersten Hälfte des 11. Jahrhunderts entstandene ottonische Wallfahrtskirche der Heiligen Adelheid, eine dreischiffige Pfeilerbasilika mit Querschiff, an das unmittelbar eine halbrunde Apsis anschloss. Zwischen 1208 und 1222 wurde die Adelheidiskapelle an das südliche Seitenschiff angebaut, um die Reliquien der Heiligen in einem Schrein aufzubewahren – genau dort, wo einst in dem an dieses Seitenschiff angrenzenden Kreuzgang ihre Grabstelle gelegen hatte. Der Mauerdurchbruch zum Seitenschiff wird von zwei Rundbögen getragen. Die Säulen der beiden Kreuzgewölbe der Kapelle tragen wunderschöne Knospenkapitelle, Meisterleistungen der Steinmetze, die offensichtlich am Bonner Münster gearbeitet haben. Der möglicherweise goldene Reliquienschrein fiel den Zerstörungen von 1583 oder 1632 zum Opfer. Als jedenfalls eine geistliche Kommission um das Jahr 1650 den Sarkophag der Heiligen öffnete, waren ihre Gebeine nicht mehr enthalten. Damit war die Vilicher Stiftskirche als Wallfahrtsziel uninteressant geworden. Hierin ist auch der Grund zu sehen, warum das zerstörte Kirchenschiff Ende des 17. Jahrhunderts nicht mehr in seiner ganze Länge erneuert wurde, sondern nur noch über zwei Joche.

Als nächste Baumaßnahme an der Vilicher Stiftskirche folgte die Errichtung des gotischen Hochchores in den Jahren 1270 bis 1280 durch Handwerker der Kölner Dombauhütte. Hierfür wurde der vormalige romanische Chor samt der darunter liegenden Krypta aufgegeben. Der neue Chor ist der heutige Blickfang der Stiftskirche. An ein Hauptjoch schließt sich der 5/8-Abschluss an. Zwei kleinere Seitenchöre, die jeweils auch 5/8-Abschlüsse aufweisen, flankieren den Hauptchor. Das Maßwerk der schlanken, hohen Fenster der Chöre schließt mit Rundfenstern ab. Die Kapitelle der Chorsäulen sind mit gotischem Laubwerk verziert.

In der Nachgotik wurde dann zwischen 1590 und 1595 das Querschiff erneuert. Hier versuchte man die künstlerische Qualität des Chores nachzuempfinden, was jedoch nicht ganz gelang. Nach dem Ende der Wirren des Dreißigjährigen Krieges war dann die Erneuerung des Langhauses erforderlich. Da aber durch den versiegenden Pilgerstrom die Mittel des Stifts immer knapper wurden, entschloss man sich, vom alten Langhaus nur noch zwei Joche zu erneuern. Die vierkantigen Pfeiler des romanischen Vorgängerbaus tragen das auf die Raumhöhe von Querhaus und Chor angehobene, verkürzte Langhaus. Dadurch wird der optische Eindruck des architektonisch und künstlerisch wertvollen Chores erweitert, gleichzeitig wirkt das gedrungene Langhaus aber außerordentlich unfertig.

Oben:
Moderne Glasfenster

Unten:
Blick in den Chor

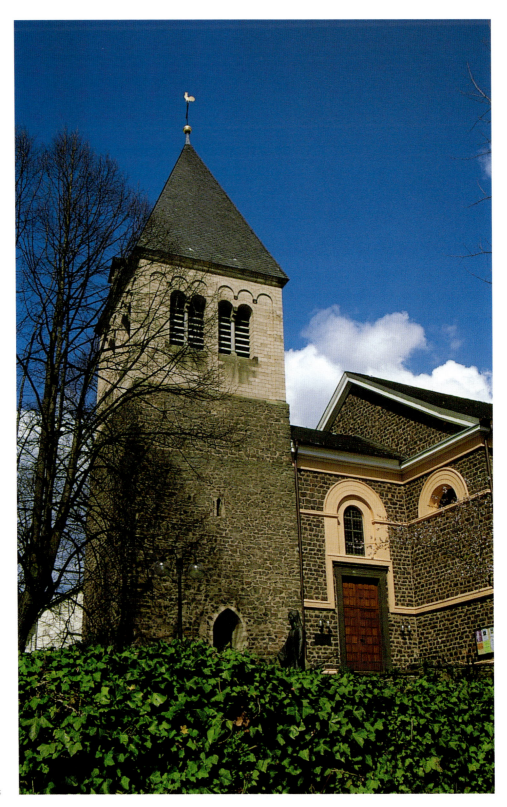

Pfarrkirche St. Gallus

St. Gallus

Katholische Pfarrkirche in Beuel-Küdinghoven

Bonn und das Bonner Umland sind kirchengeschichtlich ganz eindeutig vom Erzbistum Köln geprägt – Küdinghoven allerdings unterstand dem Amt Löwenburg, einem seit 1248 zum Sayn'schen Besitz zählenden Gebiet, das später dreihundert Jahre lang bis zur Besetzung des Rheinlandes durch französische Truppen unter Napoleon zum Herrschaftsbereich der Herzöge von Jülich und Berg gehörte. Küdinghoven wurde durch die napoleonische Gebietsreform der Vilicher „Munizipalität" – wie es damals hieß – zugeschlagen. Aus dieser verwaltungsmäßigen Neuordnung ging die Gemeinde Beuel hervor, die 1969 durch die Gebietsreform der Stadt Bonn zugeschlagen wurde.

Die Zuordnung der Küdinghovener Pfarrei zu Vilich hat einen historisch durchaus einleuchtenden Hintergrund – die Geschichte der Pfarrei Küdinghoven war schon über Jahrhunderte zuvor eng mit dem Vilicher Stift, dessen erste Äbtissin die später heilig gesprochene Adelheid († 1015) war, durch Inkorporation verbunden. So hatte zum Beispiel das Stift Vilich das Recht der Ernennung der Pfarrer in Küdinghoven, musste dafür aber auch für ihren Unterhalt sorgen.

Vermutlich hat an der Stelle der heutigen Pfarrkirche Küdinghoven bereits zu fränkischer Zeit eine Kirche bestanden. Erste Erwähnung findet die Kirche in einem Schutzbrief König Konrads III. als *Capella Cudengouen* im Jahre 1144. Von diesem Kirchenbau des 12. Jahrhunderts sind bis heute die beiden Untergeschosse des massiven Turms erhalten. Dieser quadratische Turm besaß im Osten eine in die Mauer eingeschnittene flachrunde Apsis und hatte insoweit die Funktion eines Chorturmes – ganz in rheinischer Kirchenbautradition des beginnenden 12. Jahrhunderts. Vergleichbare Chortürme weisen die aus der gleichen Zeit stammenden Kirchen in Oberkassel, Nieder- und Oberdollendorf, Lessenich und Rüngsdorf auf. Ihnen schloss sich das Kirchenschiff im Westen an. Der Chorturm in Küdinghoven war mit dem Kirchenschiff durch einen großen Öffnungsbogen verbunden. Der längst zugemauerte Rundbogen ist heute noch deutlich erkennbar.

Der Pfarrchronik ist zu entnehmen, dass die Pfarrkirche, die einst thebäischen Märtyrern gewidmet war, erst 1680 dem Patrozinium des Heiligen Gallus unterstellt wurde.

Pfarrkirche St. Gallus

Wehrhausweg
Kath. Pfarramt: Wehrhausweg 16, 53227 Bonn
Tel.: 02 28 / 44 22 69
Fax: 02 28 / 4 10 04 19
Öffnungszeiten: täglich 10.00 bis 19.30 Uhr
Literatur: • Magdalena Schmoll: Die Pfarrkirche St. Gallus in Bonn-Küdinghoven, Rheinische Kunststätten Heft 287, Bonn 1983

Bonner Stadtbezirke

Gesamtansicht der Pfarrkirche St. Gallus

Aus dieser Zeit ist ein Umbau belegt. Ein weiterer Umbau erfolgte in den Jahren 1742-45. Aus Skizzen dieser Zeit ist zu entnehmen, dass das Kirchenschiff aufgrund des abfallenden Geländes nur an die zehn Meter lang gewesen sein konnte. Es bestand offensichtlich aus einem Hauptschiff und einem schmaleren, niedrigeren Seitenschiff. Im Winkel zwischen Turm und Kirchenschiff war eine kleine Sakristei angebaut.

Bauliche Mängel veranlassten den Pfarrer von Küdinghoven, beim Bergischen Amt um einen Neubau nachzusuchen, der von dem Stift Vilich gegen Ende des 18. Jahrhunderts wohl schon zugesagt worden war. Doch im Zuge der Säkularisation wurde auch das Stift Vilich aufgehoben, und der Neubau verzögerte sich um Jahrzehnte. In den nunmehr preußischen Rheinlanden mussten Kirchenneubauten bei der Oberbaudeputation in Berlin angemeldet und genehmigt werden. Ihr Leiter war seit 1830 Karl Friedrich Schinkel, der klassizistische Baumeister Berlins, der gemeinsam mit zwei Mitarbeitern des Amtes die Korrekturfassung des klassizistischen Planentwurfs des Siegburger Bauinspektors Hehne höchstselbst unterzeichnete. 1843 war dann endlich Grundsteinlegung der neuen Küdinghovener Pfarrkirche St. Gallus, 1845 konnte sie eingeweiht werden – es war ein vierteiliger Bau entstanden, der aus dem alten Kirchturm und dem nunmehr westlich vorgelagerten Kirchenschiff aus einem schmalen Verbindungstrakt, dem Kirchensaal mit einbezogenen Sakristeien sowie letztlich der halbrund vortretenden Apsis besteht. Äußerlich treten die sich vom Mauerwerk deutlich abhebenden Rundbogenfenster hervor, das Innere der Saalkirche wird durch die klare rechteckige Gliederung mit großflächig aufgemalten geometrischen Formen und der durchgängigen, die Apsis betonenden Holzdecke bestimmt. Die nach dem Zweiten Weltkrieg nach Entwürfen von Heinrich Dieckmann gefertigten Fenster illustrieren die Geschichte der Küdinghovener Pfarrei – in ihrer klaren Linienführung unterstreichen sie noch die architektonische Strenge des klassizistischen Kirchensaals.

Besonders bemerkenswert ist das barocke Kirchengestühl mit seinen schönen Schnitzereien. Von den ursprünglich gegen Ende des 17. Jahrhunderts entstandenen acht Sitzen sind vier der Kirche erhalten geblieben. Eine der beiden Glocken der Kirche stammt noch aus dem Jahre 1673, die durch eine Inschrift die Inkorporation der Küdinghovener Pfarrei in das Vilicher Stift bekräftigt. Vom alten romanischen Kirchturm trug man 1897 das zweite Obergeschoss ab und mauerte eine neue Glockenstube auf, die mit einem mit Schiefer eingedeckten Zeltdach versehen wurde. Den kreuzgratgewölbten Altarraum dieses alten romanischen Chorturmes füllte man anlässlich des Neubaus der Kirche über zwei Meter hoch

St. Gallus

mit Aushub zur Anpassung an das neue Fußbodenniveau der Saalkirche auf. Einstmals vorhandene Fresken aus dem 15. Jahrhundert gingen auf diese Weise verloren. Der Raum wird heute, nachdem der Turmtreppenaufgang und die alten Wandnischen zugemauert wurden, als Kapellenraum der Pfarrkirche genutzt. Eine große Farbabbildung vergegenwärtigt den einst in diesem Kapellenraum vorhandenen gotischen Altaraufsatz aus dem 14. Jahrhundert, der Mitte des 19. Jahrhunderts in das Rheinische Landesmuseum nach Bonn verbracht wurde. Das erste Obergeschoss des alten Chorturmes, den man heute über die Orgeltreppe erreichen kann, ist als Turmkapelle eingerichtet.

Abschließend sei noch auf die vielen Steinkreuze hingewiesen, die den Aufgang zum Friedhof südlich der Pfarrkirche St. Gallus säumen. Sie entstammen dem Zeitraum zwischen 1620 und 1761 und werden nach dem Kreuz aus dem Jahr 1666 mit der Inschrift *„1666 den 4 September starb Peter und sein Sohn Heinrich Panpes"* auch Pestkreuze genannt – ein weiteres aus dem Jahr 1730 zeigt beispielsweise die *Sieben Schmerzen*, die das Herz der Maria schwertartig durchbohren, ein weiteres, eher einfaches aus dem Jahr 1765 wird als Bauernchristus bezeichnet.

Blick aus dem Langhaus in den Chor

Pfarrkirche St. Paulus

St. Paulus

Katholische Pfarrkirche in Beuel

Die Pläne zum Bau einer neuen Pauluskirche in Beuel reichen bis in die 20er Jahre des 20. Jahrhunderts zurück. Bereits zwischen den Kriegen wurde ein Grundstück erworben, das als Kirchenbauplatz vorgesehen war. Die wirtschaftlichen Schwierigkeiten machten zur damaligen Zeit allerdings den

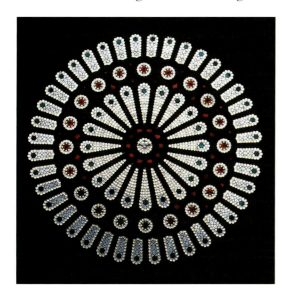

Bau noch nicht möglich. Der Zweite Weltkrieg setzte allen Vorhaben ein Ende. Mit dem Erwerb eines geeigneteren Grundstücks im Jahre 1953 konnte dann mit dem Vorhaben begonnen werden.

Bei der Pauluskirche handelt es sich um das letzte Meisterwerk des Kölner Kirchenbaumeisters Dominikus Böhm, dessen Werk nach seinem Tod 1955 durch seinen Sohn Gottfried Böhm bis 1958 vollendet wurde. Der Standort der in Ziegelbauweise errichteten Kirche liegt etwas zurückgesetzt von der Straße, so dass das Pfarrhaus am Kirchplatz mit einem Pultdach an die Kirche angebaut werden konnte. Gegenüber steht der separate Kirchturm. Durch späteren Zubau des Pfarrzentrums entstand zwischen der gangartigen Vorhalle der Kirche und diesem neuen Gebäudeteil ein Innenhof – durch Verwendung des gleichen Ziegelbaumaterials bildet dieser neue Gebäudeteil mit den vorhandenen Bauteilen ein architektonisch ganzheitliches Bild.

Der blockartige Charakter des Kirchenbaukörpers entspricht ganz dem Böhm'schen Architekturprinzip, das er seit den 20er Jahren für so viele Kirchen angewendet hat. Das Mauerwerk ist nur durch wenige Einzelelemente aufgelockert – diese sind aber dominant. Dazu zählen die große

Gerastertes Mauerwerk

Links: Die für den Baumeister Dominikus Böhm typische Fensterrosette

Pfarrkirche St. Paulus

Siegburger Straße
Kath. Pfarrbüro: Siegburger Straße 75, 53229 Bonn
Tel.: 02 28 / 46 11 29 · **Fax:** 02 28 / 4 79 84 38
E-Mail: st.josef.paulus@gmx.de
Internet: www. st.josef-und-paulus.de
Öffnungszeiten: Eingangsbereich tagsüber, Hauptkirche zu den Messen
Führungen: Auf Anfrage bei der Küsterin im Pfarrbüro
Spanische Messe: Sonntags 11.30 Uhr

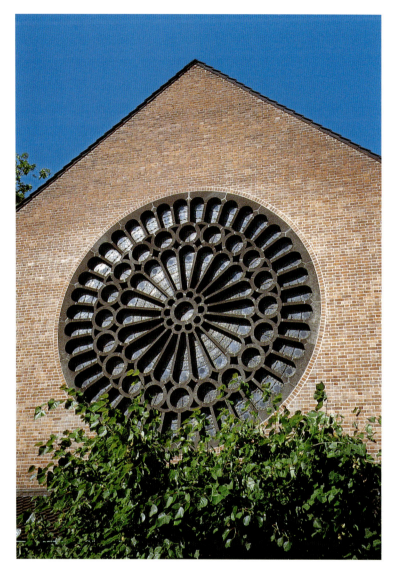

Oben: Die Fensterrosette von außen

Rechts oben: Blick in den erhöhten Chorraum mit der Christusfigur an der Altarwand

Rechts unten: Taufstein

Fensterrosette an der Südwestseite wie etwa auch die rasterartigen Schallluken im Turm. Gerade in dieser Fensterrosette spiegelt sich der von Böhm an so vielen Stellen vorgenommene Rückgriff auf historische Kirchenbauformen wider. Gleiches gilt für die gangähnliche Vorhalle, die an den Narthex frühchristlicher Kirchen erinnert, mit dem ein Übergangsraum zwischen weltlichem und geistlichem Bereich geschaffen wurde.

St. Paulus

Der Innenraum der Kirche wirkt wie ein Saal. Er ist mit einer gewölbten Kassettendecke abgeschlossen. Der Chor ist bühnenartig erhöht. Der Altarraum wird durch ein hohes, mehrteiliges Fenster von der Seite erhellt. Die großen Wandflächen sind ungegliedert, die Fensterformen einfach – insgesamt hebt das architektonische Konzept auf die liturgischen Funktionen des Innenraums ab und kommt deswegen ohne Beiwerk aus. Entsprechend nüchtern ist auch die Ausstattung der Kirche. Der schlichte Taufstein steht vor der Kanzel – ursprünglich lag die Taufkapelle im Turm. Im Seitenschiff steht ein Marienaltar. Die Kirchenfenster in der Vorhalle und im Seitenschiff sind nach Entwürfen Böhms gestaltet. Hier wird neben dem Kirchenpatron auch der Namenspatron des Architekten gewürdigt.

Figurenschmuck aus der Pfarrkirche St. Paulus

Die Michaelskapelle mit der Godesburg im Hintergrund

Michaelskapelle

auf dem Godesberg

Der Godesberg hatte schon in vorgeschichtlicher Zeit kultische Bedeutung. Inwieweit dieser weit aus der Rheinebene herausragende Vulkankegel auch in frühchristlicher Zeit genutzt wurde, ist nur zu vermuten. Jedenfalls stand hier wohl in frühromanischer Zeit eine Kapelle zu Ehren des Heiligen Michael. Diese Kapelle wurde abgerissen, als Erzbischof Dietrich von Heinsberg 1210 mit dem Bau der Godesburg begann. Dafür wurde etwas tiefer am Hang des Godesbergkegels eine neue Kapelle gebaut, von der noch Teile in den heutigen Bau eingingen. Als im Truchsessischen Krieg bayerische Truppen 1583 die Godesburg belagerten, trugen sie das Dach und die oberen Mauerteile der Kapelle ab und schütteten sie mit Erde zu, um sie als Abschussrampe zu benutzen. Nach dem Ende des Krieges wurde die Erde entfernt und die Kapelle notdürftig hergerichtet – jedenfalls konnten dann wieder Gottesdienste dort abgehalten werden.

Zwischen den Jahren 1697 und 1699 ließ Erzbischof Joseph Clemens die Michaelskapelle auf dem Godesberg erneuern. Dabei wurden der Chorabschluss und untere Teile der Chorwände vom Vorgängerbau übernommen. Unter Nutzung der Vormauer der Ruine der Godesburg entstand an der neuen Kapelle eine Eremitage für zwei Personen.

Erzbischof Joseph Clemens stellte die den drei Erzengeln geweihte neue Kapelle der von ihm an seinem Hof gegründeten Michaelsbruderschaft als Oratorium zur Verfügung. Die Mitglieder dieser Hofbruderschaft wurden zur Teilnahme am jährlichen Gottesdienst am 8. Mai, dem Erscheinungstag des Erzengels Michael, verpflichtet.

Mit der Säkularisation übernahm die Michaelskapelle zeitweise die Funktion einer Pfarrkirche für Godesberg.

Das kurfürstliche Wappen über dem Portal der Michaelskapelle

> **INFO**
>
> **Michaelskapelle**
> Auf dem Godesberg
> **Zuständig:** Kath. Pfarramt St. Marien, Burgstraße 45, 53177 Bonn
> **Tel.:** 02 28 / 36 31 79
> **Öffnungszeiten:** Die Kapelle ist immer geschlossen
> **Führungen:** Auf Anfrage über die Stadt Bonn im Zusammenhang mit geführten Besichtigungen der Godesburg; gelegentlich auch durch den Kölner Verein für romanische Kirchen
> **Trauungen:** Auf besondere Anfrage können Trauungen zwischen Mai und September in der Kapelle durchgeführt werden (die Kapelle ist nicht beheizbar)
> **Literatur:** • Norbert Schlossmacher, Michaelskapelle und Marienkirche in Bonn – Bad Godesberg, Rheinische Kunststätten Heft 454, Köln 2000

Kirchenschiff und Turm der Michaelskapelle

Letztlich erwies sie sich hierfür zu klein und war nur beschwerlich zu erreichen. Seit 1862 die neue Godesberger Pfarrkirche St. Marien geweiht wurde, wird die Michaelskapelle im wesentlichen noch als Begräbniskapelle des Friedhofs auf dem Godesberg genutzt. Die letzten Reparatur- und Renovierungsarbeiten wurden 1981 durchgeführt.

Von außen wirkt die Michaelskapelle auf dem Godesberg relativ unscheinbar. Sie stellt sich als rechteckiger Saalbau mit Satteldach dar, dem östlich mit Durchbruch zum Langhaus ein turmartiges Chorhaus vorgesetzt ist, das einen Pyramidenhelm trägt und mit einer flach gerundeten Apsis abschließt. Über dem Portal der Michaelskapelle ist das Wappen des Erzbischofs und Kurfürsten als einziger Außenschmuck des Gebäudes angebracht. Die Außenmauern aus Tuffziegel auf Trachytsockel stammen noch von dem Vorgängerbau des 13. Jahrhunderts. Inwieweit auch das Mauerwerk des Kirchenschiffs auf diese Zeit zurückgeht, kann nur vermutet werden. Unmittelbar an die Kapelle schließt sich noch die Eremitage aus vier winzigen Räumen an, die den Platz zur Vorburgmauer des 14. Jahrhunderts einnimmt.

Ganz im Gegensatz zur äußeren Schlichtheit erstrahlt das Innere der Michaelskapelle in einmaligem barockem Glanz. Die Decken in der Michaelskapelle – das Langhaus ist mit einem Tonnengewölbe versehen, achtseitig ist das Gewölbe des Chors mit eingelegtem

Michaelskapelle

Der General-Anzeiger berichtet über die Michaelskapelle:

Die ursprüngliche Kapelle mußte im 13. Jahrhundert den Wehranlagen der Godesburg weichen. Das bis heute erhaltene Gotteshaus ließ Kurfürst Joseph Clemens in den Jahren 1697 bis 1699 errichten. Er machte es zum Oratorium seines adeligen Michael-Ordens. Neben dem Eingang wurde eine Eremitage gebaut, in dem Kirchendiener lebten. Beim Betreten der Kapelle fällt der Blick unmittelbar auf den Altar. Umrahmt von Marmorsäulen und mit Engelsdarstellungen geschmückt, erhebt er sich bis zur Decke. Das kleine Gotteshaus ist in seiner äußeren Schlichtheit und seinem prunkvollen Innenraum beispielhaft für die Ästhetik der damaligen Zeit. Das Prachtstück ist das Gewölbe mit seinen Fresken und Stuckarbeiten.

Blick in den Chorraum

Altarfiguren

Spiegel – sind mit reichhaltigem Stuck aus der Hand von Peter Castelli geschmückt. Im Langhaus sind in diesen Stuck vier gemalte Bilder mit Szenen aus dem Jenseits eingelassen, zwei davon von Stuckengeln getragen. Zwei weitere Engel tragen das Stuckwappen des Erzbischofs und Kurfürsten.

Durch den Durchbruch fällt der Blick in den Chorraum der Michaelskapelle mit dem Hauptaltar, flankiert von zwei Seitenaltären, deren Stuckausschmückung visuell in die Stuckaturen der innen kleeblattförmig ausgestalteten Apsis übergehen. In den Hauptaltar ist eine Nische eingelassen, die von einer Plastik des Erzengels Michael eingenommen wird. Über dem Tabernakel sind Holzfiguren des Erzengels sowie von Bischof, Jäger und Stier angebracht, die man aus Anlass einer Renovierung am Ende des 20. Jahrhunderts in Gips erneuerte. Die Künstler der Ovalgemälde mit weiteren Erzengeldarstellungen wie auch die der Puttendarstellungen in den Retabelkrönungen in den Nebenaltären sind zwar nicht mehr bekannt, aber als kunsthistorisch wertvoll einzustufen.

So stellt sich die Michaelskapelle als ein ganzheitliches Werk kurfürstlicher Hofkunst dar, deren üppige Ausstattung von allerhöchstem Stellenwert ist – ein künstlerisches Kleinod, das der breiten Öffentlichkeit viel zu wenig bekannt ist!

Alt–St. Martin

Alte Pfarrkirche St. Martin

in Bad Godesberg-Muffendorf

Inmitten des mauerumfriedeten Muffendorfer Friedhofs mit seinen Grabkreuzen aus dem 17. und 18. Jahrhundert liegt Alt-St. Martin, die ursprüngliche Pfarrkirche des am Godesberger Hang gelegenen, durch Obstanbau reich gewordenen Ortes, dessen vorbildlich restaurierter Fachwerkhausbestand entlang der Hauptstraße zu den schönsten Architekturensembles von ganz Bonn zählt. So fällt dann auch der Blick von unten durch einen, den schmalen Zuweg zwischen zwei Fachwerkhäusern überspannenden Bogen mit der Jahreszahl „1697" auf die kleine alte Kirche, die ihr heutiges Aussehen weitgehend in der Stauferzeit erhielt.

Den Ursprung von Muffendorf bildete ein karolingisches Königsgut, das im Laufe des Mittelalters vielfach den Besitzer wechselte, bis es im Jahre 1254 dem Deutschorden übertragen wurde, der hier auch eine Kommende errichtete. Bereits im späten 10. bzw. frühen 11. Jahrhundert bestand am heutigen Standort von Alt-St. Martin eine wohl flachgedeckte Saalkirche mit schmalerem Rechteckchor am Schiff, die den Kern des heutigen Kirchenbaukomplexes ausmacht. Zu Beginn des 13. Jahrhunderts wurde der Chor mit einem Kreuzgratgewölbe, durch Wandverstärkung getragen, eingewölbt und mit einer Rundapsis versehen, die seither Standort eines gemauerten Kirchenaltars ist. Zudem wurde der Westteil des Kirchenschiffes verstärkt, um einen wuchtigen, dreizehn Meter hohen Turm zu tragen, der von einem sieben Meter hohen Pyramidendach eingedeckt ist – offensichtlich war es aufgrund der Hanglage erforderlich, den Turm an der Nord- und Südseite mit einer starken Stützmauer zu versehen.

Die nächste Baumaßnahme bestand in der Anbringung eines nördlichen Seitenschiffes mit vorgesetzter, kleiner Rundapsis. Hierzu brach man innen die Nordwand des Kirchenschiffes auf, stützte die Wand mit zwei, durch einen massiven viereckigen Mittelpfeiler getragene Rundbögen, und schuf auf diese Weise Durchblick und Durchgang zwischen beiden Kirchenräumen. In die Seitenwand des Seitenschiffes wurde ein für die kleine Kirche aufwendiges Portal mit Ecksäulen eingelassen und so der neue Hauptzugang zur Kirche geschaffen. Diese Seitenwand erhielt einen über ihre gesamte

Figurenschmuck aus Alt-St. Martin

> **Alt-St. Martin**
>
> Martinstraße
> **Kath. Pfarrbüro:** Klosterbergstraße 4, 53177 Bonn
> **Tel.:** 02 28 / 32 24 16
> **Öffnungszeiten:** Die Kirche ist geschlossen; der Schlüssel kann nach vorheriger telefonischer Rückfrage beim Pfarrbüro werktags 14.30 bis 17.30 Uhr (außer mittwochs, freitags bis 15.00 Uhr) abgeholt werden.
> **Förderverein:** Peter Schwingen Verein, c/o Frau Dr. Petra Heckes, Muffendorfer Hauptstraße 62
> **Literatur:** • Herbert Strack: Die alte Sankt-Martins-Kirche zu Muffendorf, Verein für Heimatpflege und Heimatgeschichte Bad Godesberg e.V. (Hrsg.), 2. Auflage Bonn-Bad Godesberg 1999

Breite ansetzenden Giebel mit doppelbogigem Fenster, das sich nur durch seine Kleeblattblende von den Schallfenstern des Turmes unterscheidet. Von außen lässt dieser breite Giebel im übrigen vom Seitenschiff den Eindruck eines Querschiffes entstehen.

Sehr viel später, im 17. Jahrhundert, wurde an der Nordseite des Chors ein Sakristeiraum mit Obergeschoss angebracht. Die mit Beschlägen versehene interessante Sakristeitür stammt noch aus dem 13. Jahrhundert.

Die über Jahrhunderte vorgenommenen, vielfältigen Aus- und Erweiterungsbauten haben aus Alt-St. Martin einen verschachtelten Baukomplex gemacht, der besonders auffällig in Erscheinung tritt, wenn man sich der Kirche von der Hangseite her nähert. Vom Friedhof aus entsteht ein abgestuftes Bild. Da ist zunächst die niedrige, dreifenstrige, durch Lisenen und einen Rundbogenfries strukturierte Apsis an der Wand des Chores. Das Satteldach des Chores grenzt an den steilen Fachwerkgiebel des Kirchenschiffs. Und dessen Dachfirst wiederum trifft auf den wuchtigen Turm genau unterhalb des östlichen Schallfensters. Den optischen Abschluss bildet hier das Pyramidendach des Kirchturms.

Längst war Alt-St. Martin für die wachsende Bevölkerung Muffendorfs nicht mehr ausreichend gewesen – vielleicht auch wegen seiner verschachtelten Architektur nicht mehr zeitgemäß. Als 1895 Neu-St. Martin in der Muffendorfer Klosterbergstraße fertig gestellt worden war, wurde Alt-St. Martin funktionslos. Aber die Denkmalpflege nahm sich dieses erhaltenswürdigen Kirchengebäudes an. Die nachhaltigste Renovierung fand Mitte der 30er Jahre des vorigen Jahrhunderts statt, bei der Alt-St. Martin seinen alten Mauerputz wieder erhielt, der heute noch kontrastreich das äußere Erscheinungsbild der Kirche prägt.

Chorpartie von Alt-St. Martin

St. Martin

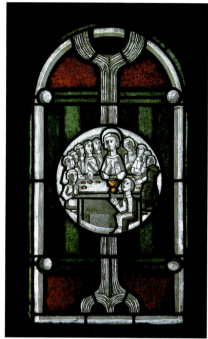

Links oben:
Doppelfenster und Giebel des Seitenschiffes

Oben Mitte:
Glasfenster

Oben rechts:
Barockes Grabkreuz in Alt-St. Martin

Unten:
Blick in das Kircheninnere

Pfarrkirche St. Aegidius

St. Aegidius

Katholische Pfarrkirche in Bonn-Buschdorf

Im Mittelalter zählte die Gemeinde Buschdorf zur erstmals im Jahre 1131 urkundlich genannten Pfarrkirche Grau-Rheindorf. Um 1300 könnte es in Buschdorf bereits eine eigenständige Kapelle gegeben haben. Definitiv ist aber nach den vorhandenen Unterlagen der Bau einer Kapelle im Jahr 1693, die ein Jahr später geweiht werden konnte. Ein Neubau in Fachwerkbauweise erfolgte 1782, der allerdings im 19. Jahrhundert baufällig wurde. Die heutige Kapelle Alt-St. Aegidius entstand 1869 in neugotischem Stil durch den Kölner Diözesanbaumeister Vinzenz Statz. Sie dient heute auch evangelischen Christen als Gotteshaus.

Nach dem Zweiten Weltkrieg stieg die Bonner Bevölkerung – nicht zuletzt durch die Hauptstadtfunktion – stark an. Umliegende Ortschaften wie beispielsweise Buschdorf wurden eingemeindet, da sie sich längst zu Wohnvororten der Hauptstadt entwickelt hatten. Im Zuge dieser Expansion konnte Alt St. Aegidius die Zahl der Gläubigen nicht mehr fassen. Ein Neubau wurde dringend erforderlich.

In einer beschränkten Ausschreibung erhielt 1974 der Plan der Architekten Johannes Krahn aus Frankfurt, einem Schüler von Dominikus Böhm, gemeinsam mit Hans-Joachim Lorenz und Wilhelm J. Sauer den Zuschlag für die Errichtung einer neuen St. Aegidiuskirche. Das Interessante an ihrem Baukonzept für die neue St. Aegidiuskirche war die vollzogene Abkehr von den in den 50er und 60er Jahren vorzugsweise errichteten kubischen und geschlossenen Sakralbauten, häufig unter demonstrativem Einsatz der vielseitig verwendbaren Baumaterialien Beton und Stahl. Die neue St. Aegidiuskirche demonstriert, wie organische Bauformen eine sinnträchtige Verbindung zwischen Innen- und Außenraum schaffen und wie der Standort der Kirche für das Baukonzept genutzt werden kann. Als Standort des neuen Kirchenkomplexes wurde nämlich der Grund des ehemaligen, aber nicht mehr existierenden Zehnthofes von Buschdorf ausgewählt, heute eine zentrale Ortslage an einer großen Kreuzung gelegen. Die Idee des Kreuzes diente als planerische Grundlage für das neue Gotteshaus, das symbolhaft in der Form ausgestreckter Arme den Opfertod Christi verkörpern soll. Hierzu bogen die Architekten die vier Seiten des rechteckigen Kirchenraums, dessen Ecken sie abschnitten, konkav nach innen und verlängerten sie über den eigentlichen Baukörper hinaus. Die Portal- und Altarwand, die aus der

Pfarrkirche St. Aegidius

Klosterweg
Kath. Pfarramt: Buschdorfer Straße 60, 53117 Bonn
Tel.: 02 28 / 67 20 39 · **Fax:** 02 28 / 6 89 97 28
Öffnungszeiten: während der Gottesdienste
Führungen: Nach Absprache mit dem Pfarrbüro
Literatur: • Alfred Hausen: Bonn-Buschdorf St. Aegidius, Schnell Kunstführer Nr. 1822, Verlag Schnell&Steiner München und Zürich 1990

Eingangsfront von St. Aegidius

Bronzetür von Sepp Hürten

inneren Optik heraus wie zwei Schalen zueinander stehen, wurden mit grün-braunem Quarzit verkleidet. Als seitliche Begrenzung des Kirchenraums dienen bis zur Decke gespannte Glasbänder – die Lichtfülle, die so durch diese Kirchenfenster eindringen kann, kontrastiert in eigenwilliger Weise mit der dunklen Wandverkleidung. In die westlich verlängerte Portalwand ist der vierteilig gesplittete und mit einem Kreuz bekrönte schlanke Glockenturm eingefügt.

Der Besucher betritt das Gotteshaus durch das Portal, in dem sich eine zweiflügelige Bronzetür öffnet, die vom Kölner Künstler Sepp Hürten gestaltet wurde. Das Mittelfeld der Tür wird von der Darstellung des brennenden Dornbuschs eingenommen, die zwölf Rahmenfelder thematisieren die Artikel des Apostolischen Glaubensbekenntnisses. Beim Betreten der Kirche fällt der Blick auf den Altar, der wie der Taufstein aus Trachyt geschaffen wurde. In der Altarplatte ruhen die Reliquien des Erzbischofs und Heiligen Engelbert (1216-25). Über dem Altar hängt das Altarkreuz von der Decke, gleichfalls den leidenden und auferstandenen Christus verkörpernd – für die Kirchenbesucher wird der auferstandene Christus auf dem Kreuz sichtbar, für den Priester auf der anderen Seite der gekreuzigte Christus. Auffällig ist auch der Orgelturm rechts neben dem Altar. Links vom Eingang ist der Beichtraum. Hier hängen an der gebogenen Seitenwand die Stationen des Kreuzweges – die Figurengruppen wurden ebenfalls vom Künstler Sepp Hürten geschaffen. Letztlich sei noch auf die Marienfigur in der Marienkapelle rechts vom Eingang hingewiesen. Die holzgeschnitzte Skulptur aus dem frühen 20. Jahrhundert hatte früher ihren Platz in der Kapelle Alt-St. Aegidius.

Blick in das Kirchenschiff

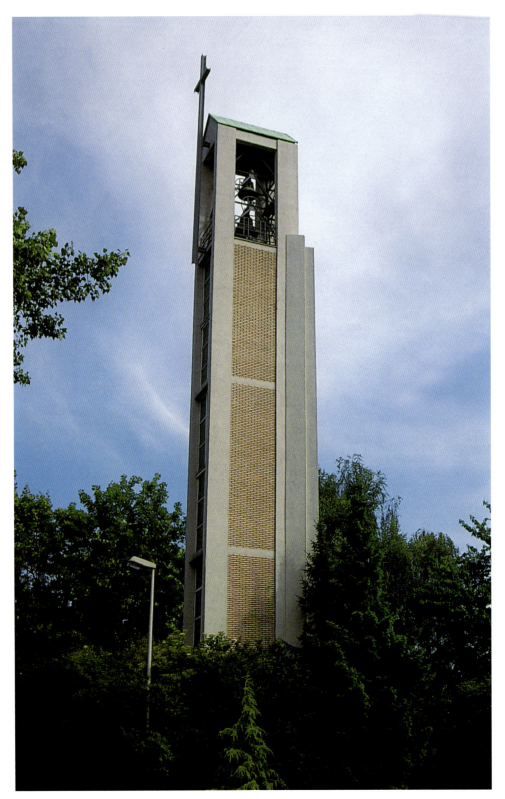

Der Turm der Christuskirche

CHRISTUSKIRCHE

Evangelische Pfarrkirche in Bad Godesberg

Die Christuskirche ist der erste evangelische Kirchenneubau nach dem Zweiten Weltkrieg. Es hatte zwar schon vorher Baupläne für eine zweite evangelische Kirche in Godesberg gegeben, die jedoch nicht mehr realisiert werden konnten.

Die Pläne für die Godesberger Christuskirche stammen von Otto Bartning und Otto Dörzbach. Grundsteinlegung war Anfang 1953, und schon zum Advent des gleichen Jahres konnte der erste Gottesdienst abgehalten werden.

Otto Bartning hatte sich nach dem Zweiten Weltkrieg durch sein Notkirchenprogramm für das Evangelische Hilfswerk große Verdienste erworben. Um dem Flüchtlingsstrom aus dem ehemaligen deutschen Osten gerecht zu werden, hatte er ein Typenprogramm von Kirchen aus vorgefertigten Teilen entwickelt, das es den Gemeinden im Westen mit ihren vielen zerstörten Kirchen ermöglichte, den überwiegend evangelischen Zuwandererstrom aufzunehmen. In Weiterentwicklung dieses Konzepts hatte Bartning mit der Christuskirche eine Architektur des „dehnbaren Kirchenraums" entwickelt, mit der durch Öffnung von Gemeinderäumen die Kapazität des Kirchenraums den Bedürfnissen entsprechend erhöht werden kann.

Im ersten Abschnitt des Christuskirchen-Baukomplexes wurde die Kirche selbst mit ihrem freistehenden Glockenturm errichtet. In dessen Nordachse schließt sich das zweigeschossige Gemeindehaus an. Im zweiten Bauabschnitt wurde der eingeschossige Kindergarten an das Gemeindehaus angeschlossen, womit der Baukomplex seine heutige Geschlossenheit erhielt. Später kam noch der Büchereivorbau dazu.

Der Grundriss des Christuskirchen-Baukomplexes ist fächerförmig angelegt. Fast unmerklich ist die Abweichung des Grundrisses vom rechten Winkel im Eingangsbereich. Die Seitenflügel sind dagegen deutlich sichtbar schräg an den zentralen Baukörper angesetzt.

Portaltür der Christuskirche

INFO

Christuskirche

Wurzerstrasse
Evgl. Gemeindeamt: 53175 Bonn, Wurzerstrasse 31
Tel.: 02 28 / 37 98 71
Öffnungszeiten: Die Kirche ist außer zu Gottesdiensten, Veranstaltungen, etc. geschlossen
Führungen: Für Gruppen auf Anfrage im Gemeindeamt

Der Baukomplex der Christuskirche

Diese Staffelung setzt sich im Ansteigen der Wand- und Fensterflächen zum Altarbereich hin fort. Die Fenster des Obergadens und das Satteldach der Kirche bilden dann wieder ruhende Pole des Architekturkonzeptes.

Im Inneren stellt sich das Zentrum des Baukörpers aus von acht Säulen getragenen drei quadratischen Einheiten in Längsrichtung dar. Der offene Dachstuhl überdeckt diese durch Längs- und Querträger miteinander verbundenen Quadrate. Der Blick des Betrachters wird so unmittelbar auf die Altarwand gelenkt, die ganzflächig von einem aus Ziegel und Bruchstein zusammengesetzten Mosaik, die Verklärung Christi thematisierend, des Heidelberger Künstlers Willi Sohl eingenommen wird. Vor der Mosaikwand steht ein acht Meter hohes Kreuz, das sich optisch in diese Wand integriert. Vor dem Kreuz wiederum steht der Altar, eine einfache Mensa aus Basalt, links davon die von dem Kölner Bildhauer Jochen Pechau entworfene Kanzel.

Die architektonische Staffelung des äußeren Kirchenaufbaus setzt sich im Inneren fort. Durch die vier schräg zur Kirchenachse gestaffelten Seitenflügel wird die Blicklenkung auf den Altarbereich noch unterstützt – die in diesen Flügeln untergebrachten Gemeinderäume können im Sinne des „dehnbaren" Architekturkonzeptes durch Faltwände zum Kirchenschiff hin geöffnet worden. Im rückwärtigen Teil des Kirchenschiffes ist die Orgelempore über den Eingangsbereich und die ihn flankierenden hinteren Gemeinderäume hinaus angebracht. Die Orgel selbst wurde 1956 installiert.

Links: Ausschnitt aus dem Altarmosaik

Rechts: Kanzelrelief

Christuskirche

Blick durch das Hauptschiff auf Altar und Kreuz vor dem Mosaik der Altarwand

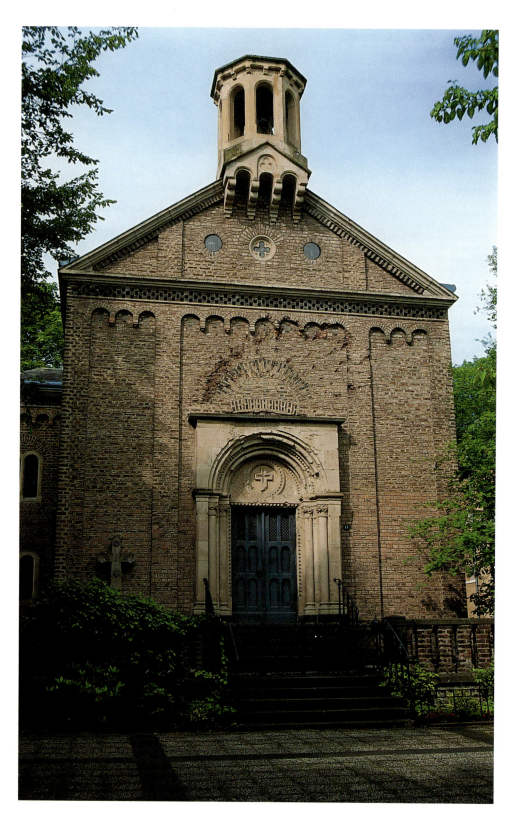

Die Rigal'sche Kapelle

Rigal'sche Kapelle

Ehemalige Privatkapelle in Bad Godesberg

Der Bonner und Godesberger Raum zog im 19. Jahrhundert viele Industrielle als Wohn- und Alterssitz an. So wurde die Rigal'sche Kapelle zunächst auch als Privatkapelle des Freiherrn von Rigal-Grunewald errichtet, der sie später der evangelischen Gemeinde zur Verfügung stellte. Heute wird sie von der frankophonen evangelischen Gemeinde für ihre Gottesdienste genutzt.

Die Rigal'sche Kapelle liegt am Ende der klassizistischen Häuserzeile an der Kurfürstenallee. Ihr gegenüber erstreckt sich die Rigal'sche Wiese, die von der Godesberger Jugend gerne zum Bolzen genutzt wird. Oberhalb steht das sogenannte Rigal'sche Schloss, das in der Bonner Hauptstadtära von den Chinesen zum Hauptgebäude ihrer Botschaft umfunktioniert wurde.

Die kleine neoromanische Kapelle mit innerlich halbrunder Apsis hat einen T-förmigen Grundriss, der durch die beidseitig den Altarraum flankierenden, zweigeschossigen Querarme gebildet wird. Äußerlich trägt die Kapelle gliedernden Lisenenschmuck mit Rundbogen und Klötzchenfries. Hohe Doppelfenster mit dazwischen gesetzten Säulen erhellen den Kirchensaal. Die Eingangsfassade wird durch das in einer rechteckigen Sandsteineinrahmung eingelassene gestufte Eingangsportal dominiert. Über dem Dreiecksgiebel steht vorne auf dem Satteldach der Kirche ein kleiner Glockenturm.

Wappen des Freiherrn Rigal-Grunewald an der Kapelle

Man betritt das Innere der Kirche durch die Portaldoppeltür und blickt in den in hellen und grauen Farbtönen gefassten Kirchensaal. Der Blick fällt auf die Apsisrundung mit dem Altarbereich, der kreisförmig im Fußboden abgehoben ist – links davon die Kanzel und rechts der Taufstein. Auf der Altarmensa stehen ein schlichtes Altarkreuz und zwei Leuchter. Der untere Wandbereich ist holzvertäfelt, die Holzbalkendecke ist in Kassettenfelder aufgeteilt. Die Querarme sind durch verglaste Rundbögen als sogenannte Patronatslogen vom Kapellensaal abgetrennt – womit die Herkunft des Erbauers der Kapelle unterstrichen werden sollte.

Seitenansicht der Kapelle

Rigal'sche Kapelle

Kurfürstenalle
Zughörig zur Evgl. Johanneskirchengemeinde Bad Godesberg
Information: über Immanuelkirche, 53177 Bonn, Tulpenbaumweg 4,
Tel.: 02 28 / 32 10 80
Öffnungszeiten: Die Rigal'sche Kapelle ist geschlossen, Gottesdienste finden regelmäßig samstags, 18.00 Uhr, statt

Turmpartie der Pfarrkirche St. Johann Baptist

St. Johann Baptist

katholische Pfarrkirche in Bad Honnef

Die Pfarrkirche St. Johann Baptist geht auf eine Güterschenkung Pippins und seiner Gemahlin aus dem Jahre 714 zurück. Das Patronat teilte sich im Hochmittelalter die Abtei Siegburg mit der Sayn-Löwenburgischen Herrschaft, von der dieser Teil im 16. Jahrhundert an die Grafen von Berg überging.

Den Ursprung der heutigen Kirche St. Johann Baptist bildete eine romanische dreischiffige Basilika aus dem 12. Jahrhundert, deren Fundamente durch Ausgrabungen unterhalb des Hauptschiffes festgestellt wurden. Der Ausbau der Kirche zu einer gotischen bzw. spätgotischen dreischiffigen Hallenkirche erfolgte in zwei Bauabschnitten. Im ersten Bauabschnitt des späten 15. Jahrhunderts wurde die alte Chorapsis abgebrochen und dafür als großzügige, dreischiffige, kreuzrippengewölbte Choranlage in der Breite von zwei Jochen, deren Apsis mit 5/8-Schluss abschließt, neu errichtet. Im zweiten Bauabschnitt zu Beginn des 16. Jahrhunderts entstand das neue dreischiffige Langhaus aus vier Jochen mit reich strukturierten Netz- und Sterngewölben über mächtigen achteckigen Pfeilern. Eigenartigerweise war der Anschluss der Chorpartie gegenüber der Längsachse des Langhauses etwas versetzt – den Grund hierfür kennt man nicht.

Wappen an der Pfarrkirche

Die querschifflose gotische Hallenkirche wurde im Zuge des Bevölkerungswachstums des 19. Jahrhunderts zu klein, um die Gläubigen noch fassen zu können. Nach mehreren abgelehnten Umbauplanungen wurden 1912 die Ostwand und der Chor der Kirche abgerissen und durch ein weiträumiges neugotisches Querschiff mit Chor und zwei angebauten Seitenchören jeweils im 3/8-Schluss ersetzt. Von außen ist dieser neue Teil der Kirche sehr gut an seiner Bruchsteinmauerwerkausführung erkennbar.

Der markante fünfgeschossige Turm der Kirche stammt noch aus ihrer romanischen Entstehungszeit in der ersten Hälfte des 12. Jahrhunderts. Er wurde in den Neubau des spätgotischen

Links: Standfigur in der Kirche

> **Pfarrkirche St. Johann Baptist** **INFO**
>
> Kirchstraße
> **Kath. Pfarramt:** Bergstraße 1, 53604 Bad Honnef
> **Tel.:** 0 22 24 / 93 15 63 · **Fax:** 0 22 24 / 93 15 65
> **E-Mail:** st.johann-baptist@honneftal.de
> **Internet:** www.honnef.net/kath-kirchen
> **Öffnungszeiten:** für Besucher Sonntag nachmittags
> **Führungen:** Auf Rückfrage beim kath. Pfarramt
> **Literatur:** • Wolfgang Schmitz: Die Pfarrkirche St. Johann Baptist Bad Honnef am Rhein, Bad Honnef 1984

Rechtsrheinisch

Oben links: Blick über den Vorplatz auf St. Johann Baptist

Oben rechts: Chorpartie von St. Johann Baptist

Mitte: Blick durch das Seitenschiff auf die Orgel

Unten: Blick durch das Langhaus auf den Chor von St. Johann Baptist

Hauptschiffes hälftig einbezogen. Die unteren drei Geschosse sind durchgehend gegliedert. Die beiden oberen Geschosse weisen Rundbogendoppelfenster, geteilt durch je eine Säule mit Würfelkapitell, als Schallöffnungen auf. Das Turmdach mit seinen Dreiecksgiebeln und dem aufgesetzten achteckigen Turmhelm stammt aus dem 19. Jahrhundert und wurde vom Kölner Dombaumeister Zwirner konzipiert. Der untere Teil des Turms weist eine Mauerstärke von 1,50 Metern auf; nur kleine Fenster lassen Außenlicht herein. Darüber befindet sich eine Turmkapelle. Die beiden oberen Stockwerke tragen die Glocken und die Turmuhr.

Beim Betreten der Kirche fällt zunächst die dekorative spätgotische Ausmalung der Gewölbefelder im Langhaus auf, die erst nach dem Zweiten Weltkrieg wieder entdeckt und restauriert wurde. Vom Gewölbe hängen zwei schmiedeeiserne Hängeleuchter aus dem späten 16. Jahrhundert herab. Vor dem Betrachter steht ein romanisches Weihwasserbecken, das einst in der Burgkapelle auf dem Drachenfels gestanden haben soll. Im südlichen Seitenschiff wurde nach

St. Johann Baptist

dem Zweiten Weltkrieg an der Stirnseite ein mächtiger barocker Orgelprospekt angebracht, der aus der Kirche in Langenfeld-Richrath stammt.

Am vorletzten Pfeiler des Hauptschiffes ist an erhöhter Stelle rechts die kunstvoll ausgeführte Standfigur der Muttergottes mit Kind angebracht, eine spätgotische Arbeit, die um 1500 entstand. Ihre aufgesetzten Silberkronen stellen Zugaben aus dem 18. Jahrhundert dar. Auf gleicher Höhe an der Außenwand des südlichen Querschiffes ist die barocke Standfigur des Apostels Mathias angebracht. Am vorletzten Pfeiler links hängt ein mahnender Wandteppich aus den 40er Jahren des 20. Jahrhunderts.

Der Hochaltar aus dem Jahr 1920 ist durch Statuen der Heiligen Servatius und Matthias flankiert und trägt im unteren Bereich kleine Bilder der vier großen Kirchenlehrer. Im rechten Seitenchor steht ein Marienaltar mit Darstellungen aus ihrem Leben und einer barocken Marienstatue in seiner Mitte. Im linken Seitenchor steht ein turmförmiges Sakramentshaus fast in Fensterhöhe etwa aus dem Jahr 1500, das aus einer nahe gelegenen Kapelle stammt. Im Hochaufsatz befinden sich vier große Figuren, an den Fialen kleine Halbfiguren. Im Standfuß ist ein Schriftband eingelassen.

Ganz eigenwillig stellt sich das „Heilige Grab" dar, das in die Außenwand des nördlichen Querschiffes eingelassen ist. Es ist ein Figurentiefrelief, die Grablegung Christi darstellend. Über dem Leichnam stehen die Trauernden mit Maria in der Mitte. Im Unterbau stellen Flachreliefs den auferstehenden Jesus in der Mitte dar, im rechten Bild Jona, der dem Seeungeheuer entsteigt, und links Samson mit den Torflügeln der Stadt Gaza. Diese Tuffsteinarbeit trägt die Jahreszahl 1514 und entspricht ganz der rheinischen Tradition dieser Zeit – eine ähnliche Arbeit steht im übrigen in Remagen.

Die drei Reliefs an der Grablegungsgruppe
Oben: Samson mit den Torflügeln der Stadt Gaza
Mitte: Der auferstandene Jesus
Unten: Jona entsteigt dem Seeungeheuer

Oben links: Spätgotische Grablegungsgruppe

Blick über den Rhein auf St. Remigius

St. Remigius

Katholische Pfarrkirche in Königswinter

Die Ursprünge der katholischen Pfarrkirche St. Remigius in Königswinter sind nur bruchstückhaft bekannt. Mutter- oder Urpfarrei für St. Remigius war – wie auch bereits erwähnt für Küdinghoven – die Abtei Vilich. In einer entsprechenden Urkunde aus dem Jahr 1144 bestätigte König Konrad III. der Abtei Vilich den Zehnten aus Äckern und Weinbergen, Gärten und neu gerodetem Land aus der Pfarrei Vilich sowie den Pfarreien Ober- und Niederdollendorf, Oberkassel und auch für Königswinter. Die genannten Filialkirchen konnten sich aber im Laufe der folgenden Jahrhunderte immer weiter von ihrer Mutterabtei Vilich verselbständigen, auch wenn diese das Kollationsrecht (das Recht, die Pfarren mit geeigneten Priestern zu besetzen) bis zur Säkularisation über ihre genannten Filialkirchen behielt.

An der Stelle der heutigen Pfarrkirche bestand wohl schon in karolingischer Zeit die Hofkapelle eines Königsgutes – aus einer Schenkungsurkunde geht hervor, dass Kaiser Heinrich II. bereits im Jahre 1015 ein solches Königsgut namens *villa winetre* dem Bonner Stift Dietkirchen übertragen hatte. Daher leitet sich auch der Ortsname „Königswinter" ab.

In staufischer Zeit muß auch in Königswinter eine neue Kirche entstanden sein. Wie diese romanische Pfarrkirche ausgesehen hat, ist nicht mehr genau auszumachen. Wenige, eher schemenhafte Darstellungen lassen noch nicht einmal den Rückschluss zu, ob es sich hier auch um eine Chorturmkirche gehandelt haben könnte. Mit dem Neubau der Kirche in den Jahren 1779/80 wurde die gesamte Bausubstanz der Vorgängerkirche abgetragen.

Seit der Mitte des 18. Jahrhunderts gibt es schriftliche Belege über Neubaupläne für die Königswinterer Pfarrkirche. Dabei war es besonders schwierig, die Finanzierung dieses Projektes sicher zu stellen. Im Mai 1779 wurde mit dem Abriss des mittelalterlichen Vorgängerbaus der Neubau begonnen. Bereits im August 1780 konnte der Königswinterer Pfarrer die neue Kirche einweihen.

Der Neubau ist im Kern eine dreischiffige, zum Westen hin ausgerichtete, als verputzter Bruchsteinbau ausgeführte Hallenkirche, die mit einem Walmdach eingedeckt ist. Dem Hauptschiff ist westlich ein eingezogener ein-

Sebastianus-Kreuz an der Pfarrkirche St. Remigius

Pfarrkirche St. Remigius

Hauptstraße
Zentrales Pfarrbüro: Hauptstraße 275, 53639 Königswinter
Tel.: 0 22 23 / 92 40 - 0 · **Fax:** 0 22 23 / 92 40 22
E-Mail: Pfarrei.Koenigswinter-Tal@web.de
Öffnungszeiten: tagsüber (außer 12.00 bis 14.00 Uhr)
Literatur: • Norbert Schlossmacher: Katholische Kirchen im Talbereich der Stadt Königswinter, Rheinische Kunststätten Heft 411, Köln 1995

Rechtsrheinisch

Portalfront von St. Remigius

Blick auf Kanzel und Altar

jochiger Chor mit innen halbrunder Apsis vorgesetzt, an den ein rechteckiger viergeschossiger Turm mit geschweifter Haube angesetzt ist. Als Baumeister dieser frühklassizistischen Kirche mit weitgehend neobarocker Ausstattung wird Johann Georg Leydel aus Poppelsdorf vermutet, der so viele der schönen Bauten im Vorgebirge entworfen hat.

Der Kirchenbau ist in Werksteinfassade ausgeführt. Die westliche Hauptfassade ist dreiachsig angelegt und durch mächtige Pilaster gegliedert, wobei das mittlere Segment mit dem Hauptportal risalitartig hervorgehoben wird. Über dem Hauptportal ist ein Dreiecksgiebel angebracht, darüber ein hochovales Fenster – den Mittelrisalit krönt ein Segmentbogengiebel. In die Seitensegmente sind über Nebenportalen hohe, eingefasste Rundbogenfenster eingelassen. Die Seitenfassaden sind ebenfalls in drei Elemente mit je einem hohen Rundbogenfenster gegliedert, die entsprechend den hohen Portalfenstern, aber ohne den abschließenden Aufsatz, eingefasst sind.

Das Kirchenschiff ist entsprechend der äußeren Gliederung dreischiffig angelegt, wobei die gleichhohen Seitenschiffe schmaler als das Mittelschiff sind – das breitere Mittelschiff setzt sich in das Chorjoch fort. Viereckpfeiler tragen die Kreuzgratjoche, die die Kirchendecke einwölben.

Im Chor steht der aus der Erbauungszeit der Kirche stammende Hochaltar. Der Marienaltar und der Josephsaltar stammen als Seitenaltäre noch vom Vorgängerbau. In die neobarocke Kanzel wurden barocke Teilelemente eingearbeitet, die aus dem Kloster Heisterbach stammen sollen. Angeblich ebenfalls aus dem Kloster Heisterbach stammen der barocke Orgelprospekt als Mittelteil des neobarocken Orgelaufbaus.

Aus dem Kirchenschatz von St. Remigius sei vor allem das Armenreliquiar der Heiligen Margarete aus dem späten 14. oder frühen 15. Jahrhundert zu erwähnen, das nach der Säkularisation aus der Kölner Kirche St. Johann Baptist und St. Kordula nach Königswinter gelangte. Der mumifizierte Unterarm mit der weitgehend erhaltenen Hand ist oben mit Silber beschlagen und mit vergoldeten Bändern, auf denen Edelsteine angebracht sind, umwickelt.

Gleichermaßen wertvoll ist das aus der Burgkapelle auf dem Drachenfels stammende Missale aus der ersten Hälfte des 13. Jahrhunderts. Die reich mit Zierinitialen versehene Handschrift umfasst 307 Blätter und wurde im 16. Jahrhundert mit einem neuen Ledereinband versehen. Dieses Messbuch befindet sich derzeit als Leihgabe im Siebengebirgsmuseum von Königswinter.

Blick vom Kirchgarten auf St. Remigius

Peterskapelle auf dem Petersberg

Peterskapelle

auf dem geschichtsträchtigen Petersberg

Der Petersberg ist von ganz besondere Bedeutung für die deutsche Geschichte. Der auf seiner Kuppe 1914 errichtete Hotelbau wurde nach dem Zweiten Weltkrieg von den Alliierten als Dienstsitz ihrer Hohen Kommissare auserkoren. Hier stellte ihnen Konrad Adenauer, der erste Kanzler der neu gegründeten Bundesrepublik Deutschland, am 21. September 1949 sein Kabinett vor. Angesichts der zunehmenden Spannungen zwischen den Westmächten und der Sowjetunion, die im Jahrzehnte langen „Kalten Krieg" gipfelten, hatten vor allem die Amerikaner ihre Europapolitik geändert – sie bezogen nunmehr Westdeutschland in den Marschall-Plan mit ein und schufen die Voraussetzungen zur Bildung eines westdeutschen Staates. Hierzu hatten die Westmächte am 1. Juni 1948 die Ministerpräsidenten der schon geschaffenen Bundesländer ermächtigt, eine verfassungsgebende Versammlung aus Abgeordneten der Länderparlamente einzuberufen. Am 1. September 1948 trat in Bonn der Parlamentarische Rat zusammen, der das Grundgesetz ausarbeitete. Das am 14. August 1949 gewählte Parlament, die erste nach dem Zusammenbruch der Weimarer Republik frei gewählte deutsche Volksversammlung, konstituierte sich am 7. September in Bonn. Am 12. September wurde Prof. Dr. Theodor Heuss durch die Bundesversammlung zum Bundespräsidenten gewählt, kurz darauf Konrad Adenauer durch das Parlament zum Bundeskanzler. Obwohl die Bundesrepublik damit wieder ein (fast) souveräner Staat war, trat Adenauer bei den Westalliierten auf dem Petresberg zur Vorstellung seines Kabinetts an.

Der Petersberg übt offensichtlich wegen seiner exponierten Lage große Anziehungskraft auf die Menschen aus. Schon die Germanen schätzten den freien Blick vom Petersberg über das Rheintal, das sich hier zur Kölner Bucht hin öffnet. Auf seiner Kuppe errichteten sie, wie ein ausgegrabener Steinwall bezeugt, in der Spätlatènezeit eine Fliehburg, die aber wohl im 1. Jahrhundert v.Chr. aufgegeben wurde. Frühe schriftliche Belege dokumentieren seit dem 12. Jahrhundert mönchische Aktivitäten auf dem Petersberg. So soll sich hier um diese Zeit ein Eremit namens Walter niedergelassen haben. Später zogen Augustinerchorherren auf den Petersberg, die um 1142 eine Klosterkirche errichteten – die Fundamente dieser Kirche

Patronatsfigur am Eingang

Peterskapelle

Auskunft: über Pfarrei Niederdollendorf
Tel.: 0 22 23 / 92 40 - 0 · **Fax:** 0 22 23 / 92 40 22
E-Mail: Pfarrei.Koenigswinter-Tal@web.de
Öffnungszeiten: auf Anfrage
Literatur: • Norbert Schlossmacher: Katholische Kirchen im Talbereich der Stadt Königswinter, Rheinische Kunststätten Heft 411, Köln 1995

Oben: Blick in das Kircheninnere

Unten: Seitenansicht

wurden 1980 im Zuge der Umbauarbeiten des Hotels Petersberg zum Gästehaus der Bundesregierung freigelegt und sind heute für Besucher begehbar. Aber schon im Jahre 1176 verließen die Augustinerchorherren den Petersberg wieder.

Für mittelalterliche Verhältnisse war das im Deutschen Kaiserreich so zentral gelegene Siebengebirge dennoch ein einsamer Platz fernab seiner Verkehrswege, die sich entweder am Rhein entlang zogen, oder den Weg über das Siegtal nach Frankfurt nahmen. Insofern zog die Abgeschiedenheit des Petersberges Mönche des in Frankreich neu gegründeten Reformordens der Zisterzienser offensichtlich magisch an. Ihr Name leitet sich von dem Gründungskloster der Zisterzienser im burgundischen Citeaux (mittellateinisch = Cisterium) ab, was vom altfranzösischen cistels (= sumpfiges Gebiet) abgeleitet ist. Die zisterziensischen Mönche wollten verweichlichtem Klosterleben bewusst entgehen, und mit eigener Hände Arbeit durch

Peterskapelle

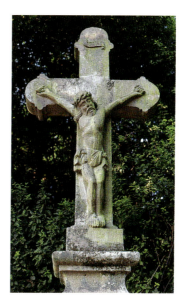

Bildstöcke auf dem Königswinterer Wallfahrtsweg

Urbarmachung der Wildnis öde Ländereien bewirtschaften. Als kurz nach dem Auszuge der Augustinerchorherren Zisterzienser aus dem Eifelkloster Himmerod in das Siebengebirge zogen, um dort ein neues Kloster zu gründen, nutzten sie zunächst die von den Augustinerchorherren auf dem Petersberg hinterlassene Kirche. Doch auch sie verließen bald diesen Standort auf der Bergkuppe, der ihnen große Versorgungsschwierigkeiten bereitete, um im Heisterbacher Tal von 1202 an eine großzügige, nach eigenen Vorstellungen geplante Klosterkirche mit entsprechenden Klostergebäuden zu errichten.

Die Zisterzienser blieben aber dem Petersberg verpflichtet. Wenn auch die von den Augustinerchorherren errichtete Kirche nach dem Abzug der Zisterzienser schon bald verfiel, so blieb der Berg doch Ziel von Wallfahrten. Auf der Kuppe, die damals noch Stromberg hieß, errichteten die Zisterzienser deshalb im 14. Jahrhundert eine Wallfahrtskapelle. Pilger konnten von Dollendorf, Heisterbach, Ittenbach oder Königswinter aus auf mit Bildstöcken gesäumten Bittwegen die Wallfahrtskapelle erreichen. Die Bildstöcke auf dem Königswinterer Wallfahrtsweg sind die schönsten, stammen aus dem 17. bzw. 18. Jahrhundert und sind mustergültig renoviert.

Der heutige, ebenfalls von den Zisterziensern errichtete und dem Heiligen Petrus gewidmete Kapellenbau auf dem Petersberg stammt aus den Jahren 1763/64 und ersetzte den Vorgängerbau. Es handelt sich um eine einfache, verputzte Saalkapelle mit dreiseitigem Chorabschluss. Der barock nachempfundene Dachreiter wurde im Rahmen der Renovierung im Jahre 1936 aufgesetzt.

Die überwiegend barocke Ausstattung der Peterskapelle stammt im wesentlichen aus dem Vorgängerbau. Dazu zählen der Hochaltar mit beiden Seitenaltären, die fahrbare Kanzel, Holzskulpturen, ein Vesperbild, Leinwandgemälde und vieles andere mehr, überwiegend aus dem 17., teilweise auch aus dem 18. Jahrhundert. Bei der bereits erwähnten Renovierung wurden auch Teile der reichhaltigen Barockausstattung der Peterskapelle überarbeitet.

Die Ruine der Klosterkirche Heisterbach

Klosterruine Heisterbach

Ehemalige Zisterzienser-Abteikirche

Im Jahre 1098 entstand der Orden der Zisterzienser als benediktinischer Reformorden in Frankreich. Fernab jeder menschlichen Siedlung sollten ihre Mönche gemäß der benediktinischen Ordensregel *ora et labora* (bete und arbeite) sich ganz Gott widmen. Ausgangspunkt des Reformordens der Zisterzienser war die Abtei Clairvaux, eine der vier Töchterabteien der Mutterabtei Citeaux – ihr berühmtester Abt war Bernhard von Clairveaux, der seinen Orden zu höchster Blüte führte.

Eine Zisterzienserniederlassung bestand in Deutschland in der im Jahre 1138 gegründeten Abtei Himmerod. 1189 bat der Kölner Erzbischof Philipp von Heinsberg die Himmeroder Zisterzienser, im Siebengebirge eine Niederlassung zu gründen. Nach einem kurzen Intermezzo auf dem Petersberg ließen sie sich in dem damals völlig abseits gelegenen Heisterbacher Tal nieder, das seine Bezeichnung von der Lage inmitten eines Buchen (= Heister)-Waldes ableitet. Hier legten sie 1202 den Grundstein für ihre Abteikirche, die am 18. Oktober 1237 geweiht werden konnte, ganz den weiterentwickelten Bauprinzipien zisterziensischer Kirchen entsprach, und bis zur Säkularisation in ihrem ursprünglichen Bauzustand bestehen blieb – über diesen Bauzustand sind wir deshalb so gut informiert, weil Sulpiz Boisserée, Kölner Kunstgelehrter und Kunstsammler (1783–1854), noch exakte Zeichnungen von der Kirche anfertigen ließ. Noch zu Napoleons Zeiten wurde die Kirche auf Abbruch verkauft. Ihre Steine dienten als Baumaterial für den Kanal zwischen Venlo und Neuß und später für die Festung Ehrenbreitstein bei Koblenz. Als nach Übergang der Rheinlande an Preußen die Abbrucharbeiten eingestellt wurden, war – außer einigen Wirtschaftsgebäuden – von der großartigen Klosteranlage nur noch der Chorumgang der Klosterkirche als Torso übrig geblieben! Das Kircheninventar wurde verkauft, Teile gelangten in andere Kirchen

Caesarius-Denkmal auf dem Klostergelände

INFO

Abteikirche Heisterbach

Dollendorfer Straße, Heisterbacherrott
Stiftung Abtei Heisterbach: Rennenbergstraße 1, 53639 Königswinter
Tel.: 0 22 23 / 9 24 00 • **Fax:** 0 22 23 / 2 27 76
E-Mail: Pfarrei.Koenigswinter-Tal@web.de
Öffnungszeiten: Das Klostergelände ist tagsüber frei zugänglich
Führungen: Auf Anfrage bei der Stiftung (s.o.)
Gastronomie: Café-Restaurant Klosterstübchen, Tel. 0 22 23 / 7 02 -174
Literatur: • Helmut Herles: Von Geheimnissen und Wundern des Caesarius von Heisterbach, Bouvier Verlag Bonn 1990

Rechtsrheinisch

Nur die Apsis blieb von der Klosterkirche übrig

des Umfeldes, zu anderen Teilen ist es heute in Museen oder in Privatbesitz, ansonsten ist es verschollen. Im Jahre 1820 wurde der gesamte Klosterkomplex von der gräflichen Familie zur Lippe übernommen. Seither gehörte die Kirchenruine zu einem der Inbegriffe der Rheinromantik! Im Jahre 1918 erwarben die Augustiner-Cellitinnen das Anwesen von der Familie zur Lippe, die in später errichteten Gebäuden im Klosterkomplex aus dem 19. und 20. Jahrhundert ein Altenheim betreibt. Außerdem dienen moderne Räumlichkeiten des Klosterkomplexes als Seminarräume.

Berühmtester Klosterbewohner von Heisterbach war sein Mönch und späterer Prior Caesarius, Sohn eines begüterten Kölner Bürgers. Er lebte etwa von 1180 bis 1240.

Sein großes „Wunderbuch" *Dialogus Magnus Visionum Atque Miraculorum* (Großer Dialog von den Sichtweisen und Wundern) verfasste er um 1213/14, was ihn als mittelalterlichen Zeitgenossen von Walter von der Vogelweide und etwa Wolfram von Eschenbach ausweist – dass Caesarius von Heisterbach in unserer heutigen Kenntnis nicht in diese Garde der großen mittelalterlichen Klassiker eingereiht wird – obwohl er ihnen eindeutig ebenbürtig ist – liegt daran, dass seine Schriftsprache das Lateinische geblieben ist. Die 1910 erschienene Übersetzung und Kommentierung ist nur einem kleinen Kreis Interessierter zugänglich geworden. Sein *Dialogus* findet in Form eines Zwiegespräches zwischen einem Mönch und einem Novizen statt, der diesen in die Billen und

Klosterruine Heisterbach

Chor und Chorumgang der Klosterkirche

Der barocke Torbau des Klosters Heisterbach

Unbillen der Welt im allgemeinen wie insbesondere in das Ordensleben einführt. Die einzelnen Themen handelt Caesarius in zwei Hauptteilen zu je sechs Büchern ab. Im ersten Hauptteil geht es um den Eintritt in das Kloster, die Reue, die Beichte, die Versuchung, die Dämonen und die Einfalt. Das zweite Hauptbuch beschäftigt sich mit der Jungfrau Maria, von den verschiedenen Sichtweisen, vom Sakrament, von den Wundern, von den Sterbenden und vom Lohn der Toten. Insgesamt bietet der „Dialog" von Caesarius ein anschauliches wie gleichermaßen erbauliches Spiegelbild von der mittelalterlichen Welt am Rhein mit ihren Sagen, Geschichten, Mythologien, dem Volkswissen und Volksglauben, aber auch seiner drastischen Widersprüchlichkeit – und ist gleichzeitig ein Bekenntnis zu den Grundeinstellungen des Reformordens der Zisterzienser, die sich gegen die Verweichlichung des Klosterlebens im Mittelalter wehren und gegen Unglauben, Sünden und ausschweifendes Leben ankämpfen. Ein Denkmal, das man ihm 1897 an der Klosterruine setzte, erinnert an sein großes Schaffen. Eine Bronzestatue an der Ecke Heisterbacherstraße und Caesariusstraße stellt ihn, über sein Schreibpult gebeugt, dar.

Heute erreicht man Kloster Heisterbach ganz einfach von Oberdollendorf aus durch das Mühlental zwischen Petersberg und Weilberg. Hier waren bis in das 19. Jahrhundert hinein die Mühlen noch in Betrieb. Die Klosterkirche wies eine Länge von achtzig Metern aus, das Querschiff war vierzig Meter breit, wie die inzwischen ausgegrabe-

> **Der General-Anzeiger berichtet über Caesarius von Heisterbach:**
>
> *"Caesarius, der Mönch von Heisterbach, und sein um 1220 geschriebenes Wunderbuch sind Stimmen aus einer uns fernen und fremden Welt, ein geheimnisvolles Buch mit sieben Siegeln. So scheint es. Aber wenn man sich in diese Welt hineinbegibt, dann lässt sie einen nicht los. Darunter sind Geschichten, wie sie Umberto Eco in seinem Mittelalterkrimi **Im Namen der Rose** erzählen könnte. Auch auf jenen Roman des Italieners muss man sich einlassen, dann wird man von ihm gefesselt. Vielleicht ist es kein Zufall, dass ein Teil der Kulissen zu Ecos Film in einem Zisterzienserkloster aufgebaut wurde, in Eberbach am Rhein, wo auch einmal Caesarius zu Besuch war. **Der Dialogus Magnus Visionum Atque Miraculorum** (Großer Dialog von den Gesichtern und Wundern) wirkt wie ein „Zauberspiegel", in dem jene Zeit in ihrer bunten Mannigfaltigkeit erscheint mit allem, was sie an Alltäglichem und Hohem, Verwerflichem und Ehrwürdigem, Ablebendem und Hoffnungsgrünem besessen hat. Kaiser wie Päpste, Ketzer wie Gläubige, Schurken wie Edle – ein ganzes Leben zieht an uns vorüber; im Vordergrund der Rhein und die von ihm durchflossenen Provinzen, im Mittelbilde Frankreich und das nördliche Italien, im Hintergrunde aber funkelt die wunderbare Welt des fernen Orients, wo sich Saladin als Heldengestalt voll Milde und Edelmut erhebt.*
>
> **Quelle:** Helmut Herles: Von Geheimnissen und Wundern des Caesarius von Heisterbach, Bouvier Verlag Bonn 1990

nen und im Klostergelände zugänglichen Fundamente zeigen. Damit war diese Kirche größer als der Altenberger Dom und größer als alle romanischen Kirchen Kölns! Auch an der Klosterkirche Heisterbach zeigt sich, wie sich die asketische Einstellung der Zisterzienser auch in ihrer Architektur ausdrückt. Sparsamkeit der angewandten Bauformen, ein Dachreiter, der Kirchtürme ersetzt, am Querschiff angebrachte Kapellen für Privatmessen und Einzelandacht, Verzicht auf farbige Glasfenster und bauliches Zierwerk sind unter anderem ursprünglicher Ausdruck dieses straff geordneten Bauwesens für an die 700 Zisterzienserabteien, die es bis zum Beginn des 15. Jahrhunderts in Europa gab. Doch diese Anforderungen ließen sich im Laufe der Zeit nicht mehr in dieser Strenge durchsetzen. Ein Beispiel für die Auflockerung zisterziensischer Bauformen bietet der wunderschöne Kapellenkranz der Klosterkirche Heisterbach, der uns als einziger Ruinenteil noch im Grundkonzept erhalten geblieben ist.

Von den ursprünglichen Klosternebengebäuden steht beispielsweise noch das Torhaus aus dem Jahr 1750. Sein rundbogiges Portal und das Mansarddach weisen es als stilreinen Barockbau aus. Das Tor wird im übrigen an der Eingangsseite von Statuen der beiden Vorbilder des Zisterzienserordens, des Heiligen Benedikts von Nursia und von Bernhard von Clairveaux, flankiert. Darüber hinaus gibt es noch den ehemaligen Küchenhof von 1722/23, der jetzt als Café fungiert, die alte Zehntscheune und das Alte Brauhaus aus dem Jahr 1711, das heute als Tagungszentrum fungiert, sowie nicht zuletzt die Mauer, die das 40.000 Quadratmeter große Klostergelände umfasst.

Gesamtsicht der Abtei St. Michael

Abtei St. Michael

Benediktinerabtei in Siegburg

Weithin sichtbar erhebt sich die Tuffsteinbasaltkuppe des Michaelsberges über der Siegniederung. Auf dem Berg stand die Burg der Grafen des Auelgaus, deren Besitz im 10. Jahrhundert an die Pfalzgrafen – die langen Widersacher der Kölner Erzbischöfe – überging. Pfalzgraf Heinrich unterlag den Kölnern in einer Auseinandersetzung, und Erzbischof Anno ließ daraufhin im Jahre 1064 auf dem Michaelsberg eine Benediktinerabtei gründen. Zunächst zogen hier Mönche aus Trier ein, mit der kluniaziensischen Reform auch solche aus dem oberitalienischen Fruttuaria.

Den Ort am Fuße des Burgberges – Siegburg – der bereits in pfalzgräflicher Zeit eine Pfarrkirche besaß, erweiterte Anno und räumte ihm Markt-, Zoll- und Münzrechte ein. Die Befestigung Siegburgs erfolgte noch im 12. Jahrhundert, Stadtrechte bestanden mindestens seit 1182. Als Vögte der Abtei fungierten die Grafen und späteren Herzöge von Berg. Nach dem Dreißigjährigen Krieg wurde Siegburg dem Herzogtum Berg als Unterherrschaft eingefügt.

Die Abtei Siegburg entwickelte sich in ihrer Gründungszeit rasch. Unter ihrem bedeutendsten Abt Kuno nahm die Zahl der Mönche zu Beginn des 12. Jahrhunderts auf über hundert zu. Erste Propsteien, wie beispielsweise in Oberpleis und das Frauenkloster Nonnenwerth wurden unter seiner Ägide gegründet. Doch die strengen Klosterregeln ließen sich auf Dauer nicht durchhalten. Die klösterliche Disziplin ließ nach, vom 14. Jahrhundert an war die Abtei „nur" noch Adeligenstift. Bauliche Erneuerungen erfolgten nach einem verheerenden Brand in der Barockzeit. Im Zuge der napoleonischen Säkularisation wurde auch die Abtei Siegburg aufgelöst und dien-

Wappen an der Außenwand

Benediktinerabtei St. Michael

Auf dem Michaelsberg
Information: Benediktinerabtei St. Michael, Michaelsberg, 53721 Siegburg
Tel.: 0 22 41 / 12 90 · **Fax:** 0 22 41 / 12 54 20
Öffnungszeiten: Das Kloster ist nicht zu besichtigen. Die Klosterkirche ist montags bis freitags von 5.30 bis 21.00 Uhr und samstags und sonntags von 5.30 bis 20.00 Uhr geöffnet
Turmbesteigung: Montags bis samstags von 9.00 bis 12.00 und von 14.30 bis 16.30 Uhr.
Führungen: Durch das Klostermuseum sonntags um 13.30 Uhr (Treffpunkt: Klosterkirche). Für Gruppen können rechtzeitig im voraus gesonderte Termine vereinbart werden.
Klostereigene Buch- und Kunsthandlung: Geöffnet montags bis samstags von 10.00 bis 12.00 und sonntags von 11.30 bis 18.00 Uhr; Tel. 0 22 41 / 12 91 80
Kloster-Café und Restaurant (Abtei-Stuben): geöffnet dienstags bis sonntags von 12.00 bis 20.30 Uhr (mit angeschlossenem Hotel-garni); Tel. 0 22 41 / 12 91 50
Jugendgästehaus St. Maurus: Tel./Fax 0 22 41 / 12 92 00
Literatur: • Abt Placidus Miller: Benediktinerabtei St. Michael Siegburg, Schnell Kunstführer Band 2361, Regensburg 1999

Bonner Umland

Oben: Klostergebäude
Unten: Das „Johannis-
türmchen – Rest der
Wehrmauern

te dann als Irrenanstalt und Zuchthaus. Schwere Bombentreffer zerstörten 1944 die Kirche. Der Neuaufbau nach dem Krieg erfolgte rasch, aber es sind seither immer wieder Renovierungsarbeiten erforderlich.

Der unter Erzbischof Anno 1064 begonnene Kirchenbau auf dem Michaelsberg wurde bis zum 12. Jahrhundert mehrfach umgebaut. Die ursprüngliche Kirche war dreischiffig mit wenig ausladendem Querschiff und hatte einen schmalen einjochigen Chor mit halbrunder Apsis. Im 12. Jahrhundert wurde ein Turm in das Mittelschiff eingefügt. Nach der Zerstörung des Kirchenchores durch einen Siegburger Bürgeraufstand erfolgte der Chorneubau ab 1403 ganz in gotischer Form. Der Brand von 1649 machte dann einen Neubau der Kirche erforderlich. Der damals vorstehende Abt Johann von Boch ließ bis 1667 das Langhaus als gotisierenden Barockbau neu errichten, ebenso wurde der Chor aus einem Joch und 5/8-Abschluss mit schlanken dreiteiligen Maßfenstern wieder hergestellt. Der fünfgeschossige Westturm der Abtei, der über der vorkragenden Galerie einen achtseitigen Aufsatz mit Schweifhaube und Laterne trägt, entstand – als Wahrzeichen Siegburgs – ebenfalls in dieser Zeit auf den Turmfundamenten aus dem 12. Jahrhundert neu.

Die Krypta stellt den ältesten Teil der heutigen Abteikirche auf dem Michaelsberg dar. Ihr Ursprung könnte in einer vorannonischen Burgkapelle der Pfalzgrafen begründet sein. Im Zuge eines Umbaus um das Jahr 1080 wurde das Kirchenschiff tiefer gelegt, und insofern mussten die Gewölbe der Krypta abgesenkt werden. Seit dieser Zeit hat die Querschiffkrypta ihre sieben Schiffe zu je drei Jochen mit Kreuzgratgewölben über Säulen. Der gotische Teil der Krypta wurde als Fundament des Chorneubaus geschaffen.

Von der ursprünglichen Ausstattung der Abteikirche ist durch Brände und Zerstörung wie auch durch Verschleuderung im Zuge der Säkularisation kaum etwas übrig geblieben. Auffallend sind die hellen Fenster, 1953 durch den Künstler Ernst Jansen-Winkeln entworfen und durch die Glasmacherei Oidtmann aus Linnich hergestellt. Das Chorgestühl stammt aus dem gleichen Jahr. Die Klais-Orgel wurde 1957 eingebaut. Das hängende Kreuz zwischen Chor und Altarraum aus dem 15. Jahrhundert ist eine Leihgabe des Kölner Schnütgenmuseums. Die an den Langhauswänden angebrachten Figuren stammen aus dem 18. Jahrhundert.

Wichtigstes Ausstattungsstück der Abteikirche auf dem Michaelsberg ist das im Mittelgang befindliche romanische Grab des Heiligen Anno – bereits bei seinem Tod

Blicke in den Innenhof der Abtei St. Michael

im Jahr 1075 wurde Anno als heilig verehrt. Dieser 1183 von Nikolaus von Verdun vollendete Schrein gilt als ein Hauptwerk der rheinisch-maasländischen Goldschmiedekunst. Seine Lang- und Giebelseiten sind durch Kleeblattbögen auf gekuppelten Säulen und Eckpilastern gegliedert. Die heute freien Gliederungsfelder waren früher mit kostbaren vergoldeten Silberarbeiten versehen, die alle in den Säkularisationswirren abhanden kamen. Reich verziert sind die Giebelkanten und der Dachfirst mit den auf-

Bonner Umland

Rechts: Turm der Abteikirche St. Michael

Unten links: Der Anno-Schrein

Unten rechts: Blick in den Chor der Abteikirche

gesetzten fünf Knäufen aus Email und Filigran. Der Anno-Schrein ist eine Dauerleihgabe der Pfarrgemeinde St. Servatius, in deren Besitz 1812 die erhaltenen Stücke aus den nach der Säkularisation zum Teil eingeschmolzenen Kunstwerken des Michaelsschatzes nach erheblichen Schwierigkeiten und nur durch beherztes Eingreifen der Siegburger Bürger übergingen.

Von der ursprünglichen mittelalterlichen Klosteranlage gibt es nur noch einzelne Reste wie etwa eine romanische Mauer und in der Nordwestecke noch Räume aus vorannonischer Zeit. Der heutige rechteckige Baukomplex auf den hohen Böschungsmauern, die im Norden und Süden die Abteikirche jeweils mit einem Hof umschließen, entstand im 17. und 18. Jahrhundert als einfache Bruchsteintrakte. Im Süden und Osten sind von der Befestigung des Abteiberges noch die spätmittelalterlichen Wehrmauern des 16. Jahrhunderts mit einem vorkragenden Rundturm, dem Johannistürmchen, an der Südostecke erhalten. Daran schließen sich noch Reste der beiden Mauerzüge an, die die Abteibefestigung mit der Stadtbefestigung verbanden.

St. Michael

Links: Statue des Erzengels Michael

Mitte: Muttergottesfigur

Rechts: Blick in den Chor der Krypta

Der General-Anzeiger berichtet über den Klosterlikör der Siegburger Benediktinerabtei:

Dass Not erfinderisch macht, bewiesen die Benediktinermönche schon, als sie nach dem Zweiten Weltkrieg vor den Trümmern ihrer Abtei standen. Um den Wiederaufbau finanzieren zu können, besannen sie sich auf ein altes, in ihrem Besitz befindliches Rezept zur Herstellung von Likör. Vor knapp 50 Jahren hatte der „Siegburger Abtei-Liqueur" Premiere.

Das Rezept ist ein Geheimnis, und Geheimnisse sind in einem Kloster gut aufgehoben. Nur den Namen der Pflanze, die dem Likör seine wunderbare goldene Farbe verleiht, lässt sich Pater Franziskus entlocken: Crocus sativus, auch echter Safran genannt. Die anderen Kräuter – Thymian, Majoran, Pfefferminz, Enzianwurzel und Lavendelblüten – gehören zum Repertoire der Heilkräuter, wie sie auch der bekannte französische Likör Chartreuse oder der Bénédictine enthalten, ein Likör, der übrigens ursprünglich ebenfalls von Benediktinermönchen gebraut wurde.

Der Ansatz für den Likör besteht aus Kräutern in 80 Liter reinem Alkohol, er wird etwa anderthalb Stunden stehen gelassen und immer wieder umgerührt. Das Ganze wird in einen 1000-Liter-Vortank umgefüllt und Flüssigzucker, Alkohol und Wasser beigemengt. Vierzehn Tage lang ruht diese Mischung, wird jeden Tag nur umgerührt. Dann entnimmt Pater Fridolin eine Probe, bestimmt durch Abbrennen den Alkoholgehalt und korrigiert die gewünschte Alkoholmenge mit Wasser oder Alkohol. Dann erst wird der Sud filtriert und einem der drei 1500 Liter fassenden Lagertanks der Abtei zugeführt. Rund 50.000 Flaschen mit 0,1 bis 0,7 Liter verlassen die Abteigemäuer Jahr für Jahr. Die „Bartmännchen" genannten Tonkrüge, die typisch für Siegburg sind, können nur per Hand abgefüllt werden.

Blick vom Siegburger Markt auf den Turm der Servatiuskirche

St. Servatius

katholische Pfarrkirche in Siegburg

Kirchenportal

Unten: Wasserspeier an der Servatiuskirche

Am Fuße des Siegburger Abteiberges steht die St. Servatiuskirche, eine pfalzgräfliche Gründung aus dem 10. Jahrhundert. Die Kirche wurde noch im 11. Jahrhundert an die Michaelsabtei angeschlossen, im Jahre 1319 in diese inkorporiert. An der Stelle eines nicht bekannten Vorgängerbaus entstand die heutige Servatiuskirche ab 1150/70 als dreischiffige romanische Emporenkirche mit Westturm, flachgedecktem Mittelschiff und kreuzgewölbten Seitenschiffen, deren Fertigstellung auf etwa 1120 datiert werden kann. Ihr Chor wurde 1265/70 abgerissen und bis 1300 durch den heutigen gotischen Chor ersetzt. Erhöhung und Überwölbung des Mittelschiffes sowie der Einbau von gotischen Maßwerkfenstern erfolgten erst zu Beginn des 16. Jahrhunderts. Dabei wurden Hauptchor und Mittelschiff unter ein gemeinsames Satteldach gebracht. Gleichzeitig riss man das südliche Seitenschiff und die Vorhalle ab, um sie zu erhöhen und zu verbreitern. Das nördliche Seitenschiff ergänzte man um den Treppenturm, der seither Erd- und Emporengeschoss miteinander verbindet. Durch Brand im 17. Jahrhundert und Kriegseinwirkungen im 18. Jahrhundert erlitt die Servatiuskirche erhebliche Schäden, die rasch beseitigt wurden. Im 19. Jahrhundert wurden die westlichen Teile der Seitenschiffe ergänzt und mit innen liegenden Treppenaufsätzen versehen. Bei den Erneuerungen nach den Kriegszerstörungen aus dem Zweiten Weltkrieg achtete man streng darauf, „Zutaten" aus dem 19. Jahrhundert wie angebrachte Balustraden und Giebelaufsätze zu beseitigen.

Der Baukörper der Servatiuskirche wird vom mächtigen fünfgeschossigen Westturm

> **Pfarrkirche St. Servatius**
>
> Kirchplatz
> **Kath. Kirchengemeinde St. Servatius:**
> Mühlenstraße 6, 53721 Siegburg
> **Tel.:** 0 22 41 / 6 31 46 · **Fax:** 0 22 41 / 5 34 54
> **Öffnungszeiten:** Eingangsbereich tagsüber für Beter und während der Öffnungszeiten der Schatzkammer sowie vor und nach den Gottesdiensten
> **Schatzkammer:** geöffnet dienstags bis freitags 15.00 bis 16.00 Uhr, samstags 10.00 bis 11.00 Uhr, sonntags 12.00 bis 13.00 Uhr; Gruppenführungen nach Vereinbarung
> **Führungen:** nach Voranmeldung für Gruppen durch den Küster, Tel. 0 22 41 / 6 68 35
> **Orgelkonzerte:** Auf der Klaisorgel jeden Samstag von 11.30 bis 12.00 Uhr zur Marktzeit
> **Orgelzyklus:** Von März bis Dezember in Zusammenarbeit mit der Abtei auf dem Michaelsberg
> **Literatur:** · Angelika Belz: Der Siegburger Kirchenschatz, Rheinischer Verein für Denkmalpflege und Landschaftsschutz (Hrsg.), Rheinische Kunstschätze Heft 374, Köln 1992
> · Adolf Fichter: Geschichte der Orgeln der Siegburger St. Servatiuskirche, Kath. Kirchengemeinde St. Servatius (Hrsg.), Siegburg 1988

Links: Lisenengliederung am Turm der Servatiuskirche

Rechts: Seitenschiff der Servatiuskirche

dominiert. Mit seinen markanten rotbraunen Kantensteinen auf weißem Putz entspricht er der ursprünglichen Farbgebung. Sein erstes Geschoss hat neoromanische Zubauten, an den folgenden Geschossen wird die Lisenengliederung reicher und kleinteiliger. Das fünfte Geschoss hat Kleeblattbögen anstelle der Rundbogenfriese der darunter liegenden Geschosse. Im 13. Jahrhundert wurde das Glockengeschoss mit gekuppelten Schallöffnungen aufgesetzt, nach dem Zweiten Weltkrieg erhielt der Turm die abgeknickte achtseitige Schieferpyramide, wie sie vom gotischen Bau überliefert ist.

Man betritt die Servatiuskirche durch das Rundbogenportal des Turms mit seiner vorkragenden Rechteckblende. Das Untergeschoss dient heute als Taufkapelle. Hier steht der Taufstein mit Kleeblattbogenverzierung aus dem 12. Jahrhundert. Dieser Vorraum ist tagsüber immer offen und erlaubt auch bei geschlossener Kirche den Einblick durch das abtrennende schmiedeeiserne Gitter. Von hier fällt der Blick auf den gotischen Hochchor, der im Gegensatz zu den rechteckigen, geschlossenen Formen des romanischen Hauptbaus durch seine hohe Transparenz besticht – hohe gotische Farbfenster mit ihren ornamentalen und thematischen Szenen aus dem Alten und Neuen Testament sorgen hier für Lichtfülle. Diese Chorpartie wurde von Meister Arnold von der Kölner Dombauhütte gestaltet und zählt zu den schönsten Werken rheinisch-gotischer Kirchenbaukunst. Der Eindruck vom romanischen Langhaus mit seinen dreifachen Bogenstellungen unter Rundbogenblenden wirkt dagegen eher schlicht. Die farbliche Gestaltung des Innenraums der Servatiuskirche erfolgte nach dem Zweiten Weltkrieg aufgrund spätgotischer Ausmalungsreste.

An den Arkadenpfeilern sind acht Apostelfiguren auf Barockkonsolen angebracht, von denen sechs aus dem frühen 16. Jahrhundert vom Kölner Steinmetz Tilmann von der Bruch stammen. Aufgrund seines frühen Todes konnte er den Zyklus nicht vollenden, deshalb stammen die anderen aus dem 19. Jahrhundert. Am nördlichen Chorpfeiler steht die herausragende hölzerne Standfigur

St. Servatius

Links: Blick durch das Kirchenschiff auf den Chor

Rechts: Blick aus der Vorhalle mit Taufstein in das Kirchenschiff

der Muttergottes, die Jeremias Geißelbrunn Mitte des 17. Jahrhunderts schuf. Sie trägt rechts das Jesuskind mit der Weltkugel, links ein Zepter.

Der Flügelaltar der Servatiuskirche steht beherrschend im Chor. Als Unterbau dient eine aus dem Mittelalter stammende gotische steinerne Altarplatte aus dem Kloster Heisterbach, die nach der Säkularisation hierher verbracht wurde. Der Altaraufbau wurde 1904 nach einem Entwurf des Mainzer Architekten Ludwig Bekker geschaffen. Er sollte dem aus der Michaelsabtei in die Servatiuskirche überführten Anno-Schrein als sicherer und würdiger Ort der Aufbewahrung dienen. Hier befand sich der Schrein bis zum Beginn des Zweiten Weltkriegs – nachdem er in die Michaelsabtei gekommen war, nahm der Appollinaris-Schrein seinen Platz im Altaraufbau ein. Hingewiesen sei auch noch auf die spitzbogige Nische rechts vom Altar, die mit vergoldetem Blattwerk verziert ist. Es handelt sich um eine sogenannte Piscina.

Ganz außergewöhnlich ist der Kirchenschatz der Servatiuskirche. Der Zugang liegt in der südlichen Emporenkapelle. Es handelt sich bei diesem Siegburger Kirchenschatz im wesentlichen um den Restbestand der kostbaren Kunstgüter der Michaelsabtei, die nach der Säkularisation auf Umwegen in die Servatiuskirche gelangten. Der Kernbestand geht auf Behältnisse, Tragaltäre und Schreine zurück, die bereits Anno der Michaelsabtei zur Aufbewahrung der vielen Reliquien, die er der Abtei übergeben hatte, zukommen ließ. Die wertvollsten Stücke sind der Mauritiustragaltar, der Honoratiusschrein, der Appollinaris-Schrein, der Stab des Heiligen Anno, das Andreasreliquiar, das große und das kleine Lomogesreliquiar und nicht zuletzt der sogenannte Siegburger Löwenstoff, ein byzantinisches Seidengewebe aus dem 10. Jahrhundert.

Barockskulptur des Heiligen Servatius

Choransicht der Pfarrkirche St. Katharina

St. Katharina

katholische Pfarrkirche in Blankenberg

Blankenberg, auf einem Felssporn oberhalb der Sieg gelegen, zählt mit seiner mittelalterlichen Bausubstanz zu den reizvollsten Städten des Bonner Umlandes. Im Siegtal führte einst die Straßenverbindung von Köln nach Frankfurt entlang, so dass dieser strategisch wichtige Standort schon im 12. Jahrhundert besiedelt wurde. Hier errichteten die Grafen Sayn für das Kloster Siegburg ein castrum, wie es in den Annalen heißt. Schon bald lösten sich die Grafen vom Siegburger Kloster, und um Blankenberg entstand eine eigenständige kleine Herrschaft. Schon Mitte des 13. Jahrhunderts verliehen die Sayn'schen Grafen Blankenberg das Stadtrecht. Mangels Erben ging dann die Herrschaft Blankenberg an die Herren von Heinsberg über. Im Jahre 1247 wird erstmals eine der Heiligen Katharina geweihte Pfarrkirche in Blankenberg erwähnt. Die Herren von Heinsberg verpfändeten Blankenberg an Wilhelm II, Graf von Jülich, Berg und Ravensburg. Ihre Mittel reichten nicht, um das Pfand wieder einzulösen – so verblieb Blankenberg seit dem späten 14. Jahrhundert unter bergischer Herrschaft.

Die Kriegswirren des 17. Jahrhunderts setzten Blankenberg arg zu. Die Stadt wurde im jülich-bergisch-klevischen Erbstreit wie auch im Dreißigjährigen Krieg von feindlichen Truppen besetzt, die nur noch einen Trümmerhaufen hinterließen und die Burg zur

Links: Orgel

Unten: Altes Grabkreuz an der Pfarrkirche

Pfarrkirche St. Katharina

Am Markt
Kath. Pfarramt: Markt 13, 53783 Eitorf-Blankenberg
Tel.: 0 22 48 / 22 06
Öffnungszeiten: nur gelegentlich, bei Veranstaltungen
Führungen: Aus besonderem Anlass durch Prof. Fischer, Blankenberg
Literatur: • Helmut Fischer: Blankenberg – Ein kleines Städtchen auf dem Berge, Heimat- und Verkehrsverein der Stadt Blankenberg (Hrsg.), Walterscheid Verlag Siegburg 1995

Bonner Umland

Blick durch das Kirchenschiff auf den Chor

Ruine machten. Der Wiederaufbau erfolgte nur mühsam. Jahrmärkte waren eine wesentliche Einnahmequelle, im 19. Jahrhundert wurde auch Weinbau betrieben, wie man heute noch an dem Herzoglichen Kelterhaus aus dem Jahre 1768 unterhalb der Stadt unschwer erkennen kann. In der Tat lag Blankenberg schon lange abseits der modernen Verkehrswege. Die Stadt verarmte – doch das kommt heute Blankenberg zugute. Zum alten Stadtkern wurde wenig hinzugebaut. So sehen wir heute Blankenberg mit seinen schön restaurierten Fachwerkhäusern und der weitgehend wieder errichteten Burg noch dergestalt, wie es früher einmal war!

Die Stadtpfarrkirche St. Katharina ging aus einem ehemaligen, von der Gräfin Mechthild von Sayn gestifteten Prämonstratenserinnenkloster hervor, in das später Zisterzienserinnen einzogen, dessen Gebäude aber schon im späten Mittelalter verkamen. Kein anderer als Kurfürst Konrad von Hochstaden, der den Grundstein zum Kölner Dom legte, verlieh der Klosterkirche die Pfarrrechte. Wesentliche Bestandteile des heutigen Baukörpers der Kirche entstammen dieser Zeit – das Langschiff des Gotteshauses entspricht ganz der damals in der Mitte des 13. Jahrhunderts üblichen Saalkirchenarchitektur von Nonnenkirchen. An das nicht eingewölbte, sondern flachgedeckte und gestreckte Langhaus der Pfarrkirche St. Katharina wurde ein fünfseitig geschlossener gotischer Chor als Altarraum, der von Spitzbogenfenstern erhellt und einem Kreuzgratgewölbe getragen wird, angebaut. Dieses Gewölbe wird von beachtenswerten dreisäuligen Dienstbündeln mit Schaftringen und Knospenkapitellen getragen. Auf dem Chorgewölbe setzt – entsprechend dem Kirchturmverbot der Zisterzienser – über einem quadratischen Unterbau ein spitzer Dachreiter auf. Das Kirchenschiff stellt sich heute ganz schlicht dar. An der Südwand wurde der vermauerte Durchbruch zum Kreuzgang der ehemaligen Klosteranlage wieder sichtbar gemacht. Wertvolle Fresken aus der zweiten Hälfte des 13. Jahrhunderts konnten nach dem Ersten Weltkrieg im Zuge von Renovierungsarbeiten freigelegt werden.

Im Februar 1983 traf die Pfarrkirche St. Katharina ein schwerer Schicksalsschlag – sie fiel einer Brandstiftung zum Opfer. Das Dach des Kirchenschiffes stürzte ein, wertvolle Teile der Innenausstattung fielen den Flammen zum Opfer. Schon ein Jahr später war das Langhaus erneut eingedeckt und der Dachreiter neu aufgesetzt. 1985 erhielt die Kirche wieder ihren weißen Außenanstrich und fügt sich so kontrastreich in das Ensemble der Fachwerkhäuser von Blankenberg ein.

Freskenreste, die den Kirchenbrand von 1983 überstanden haben

Das auffällige Fliesenmuster des Kirchenfußbodens

Klosterkirche St. Agnes

St. Agnes

Klosterkirche in Merten

Siedlungsgeschichtlich lässt sich die Bezeichnung des kleinen Ortes Merten wenige Kilometer flussaufwärts von Blankenberg wohl auf einen frühmittelalterlichen Grundherren namens Marto zurückführen. Hier erhebt sich weit sichtbar auf einer Anhöhe in einer der letzten Schleifen der Sieg vor ihrem Eintritt in die Rheinebene das Turmwerk der ehemaligen Augustinernonnen-Klosterkirche Merten. Heute abseits des großen Trubels gelegen, denn die Talstraße L 133 führt auf der anderen Flussseite entlang, stellte das Siegtal im Mittelalter eine wichtige Verbindung Kurkölns nach Frankfurt dar. So verwundert es auch nicht, dass hier die Herren von Cappenstein als Grundherren im späten 11. Jahrhundert eine Burg errichteten, deren Mauerreste auf einem Hangvorsprung nordwestlich der heutigen Klosteranlage noch bis kurz nach dem Ende des Zweiten Weltkrieges zu sehen waren. Im 15. Jahrhundert entstand dann die rechteckig angelegte Wehranlage gegenüber dem Kloster, die im Nordosten durch einen Eckturm und im Westen durch zwei Rundtürme, deren Fundamente noch stehen, gesichert war. Außerdem sind noch Teile der Umfassungsmauer dieser Anlage erhalten.

Die Besitzer der Burg wechselten seit dem Mittelalter häufig. Im 13. Jahrhundert gaben die Grundherren ihren Besitz in Merten der Grafenfamilie von Sayn zu Lehen, die in der Region ohnehin schon begütert war. Als späterer Besitzer tauchte die Familie von Hatzfeld auf, deren Nachfahren mit wenigen Unterbrechungen bis 1872 hier saßen. Nach wechselnden Besitzern erwarb Graf Felix Droste zu Vischering von Nesselrode-Reichenstein Burg und Kloster, dessen Famili-

Wetterfahne

enmitglieder die Anlage bis 1945 bewohnten. Im Jahre 1962 ging der Klosterbereich der Anlage an das Kuratorium von Schloss Merten/Sieg über.

Die frühe Burg von Merten ist älter als die Klosteranlage. Eine erste urkundliche Bezeugung des Klosters stammt aus dem Jahre 1217. Die Gründung des Klosters geht voraussicht-

Klosterkirche St. Agnes

Schloßstraße
Information: Seniorenwohnpark Schloss Merten, 53783 Eitorf-Merten
Tel.: 0 22 43 / 86 - 0 · **Fax:** 0 22 43 / 8 62 55
Öffnungszeiten: Schlüssel zur Kirche nach vorheriger telefonischer Anmeldung in der Verwaltung des Seniorenstifts erhältlich
Cafeteria: 15.00 bis 17.00 Uhr in der Orangerie

Bonner Umland

Oben: Gesamtsicht des Klosters St. Agnes

Unten: Barockportal der Klostergebäude

lich auf eine Stiftung der Grafen von Sayn im Jahr 1170 zurück. Bedeutung erlangte das Kloster durch seinen Reliquienschatz, so vor allem durch die Reliquie der Heiligen Agnes, der Kirchenpatronin. Die Nonnen des Klosters folgten wohl von Anfang an der Augustinerregel. Die Zeit des Niedergangs der Klosterkultur im späteren Mittelalter überlebte das Kloster Merten offensichtlich recht gut, jedenfalls konnte 1581 ein in Herchen kaum noch ohne Unterstützung lebensfähiges Zisterzienserinnenkloster inkorporiert werden. Die Wirren des 16. und 17. Jahrhunderts wie der Geldrische Erbfolgekrieg, der Truchsessische Krieg und der Dreißigjährige Krieg ließen auch das Kloster Merten nicht unberührt. Viel schlimmer war aber der große Brand von 1699, der Kirche und Klostergebäude bis auf die Grundmauern zerstörte. Angesichts der wirtschaftlich beengten Situation des Klosters zog sich der Wiederaufbau über Jahrzehnte hin. Im Jahr 1803 wurde dann das Kloster im Zuge der napoleonischen Säkularisation aufgehoben, die Nonnen konnten allerdings noch ein paar Jahre in den Gebäuden wohnen bleiben. Im Jahr 1823 kam dann die Kirche in den Besitz der Gemeinde Merten und dient ihr seither als Pfarrkirche.

Die Klosterkirche Merten entstand in den Jahrzehnten vor der Wende zum 12. Jahrhundert. Es handelt sich um eine dreischiffige Pfeilerbasilika mit drei Ostapsiden und zweitürmigem Westvorbau. Dieser Westvorbau ist wie ein Querriegel dem um eine Mauerstärke breiteren Langhaus vorgesetzt. Der Südturm trägt über dem dritten Geschoss ein Pyramidendach, der Westturm ist fünfgeschossig ausgebaut und mit einem hohen achteckigen Spitzdach auf dem Ansatz einer Pyramide versehen. Der zweigeschossige Unterbau des Westwerkes ist durch Lisenen, Friese und Blenden quer gegliedert. Der Mittelteil der Fassade beinhaltet das Rundbogenportal, flankiert von zwei kleinen Rundbogenfenstern. Im Obergeschoss ist mittig ein Vierpassfenster in einer kreisförmigen Blende angebracht, hier flankiert von zwei Glockenfenstern in Kleeblattblenden, die genau über den Fenstern des unteren Geschosses angebracht sind. In der Mitte aufgesetzt ist ein Giebelhaus mit einer Arkadendreiergruppe. Im Erdgeschoss und im Obergeschoss des Westbaus sind eine kreuzgratgewölbte Querhalle bzw. eine Nonnenempore jeweils aus drei Jochen untergebracht. Von der Querhalle führen Schneckenstiegen in den beiden dicken Seitenmauern des Westwerks in die Empore und weiter in die Turmgeschosse empor.

Die Querhalle des Westbaus erschließt sich im Erdgeschoss durch eine Rundbogenöffnung in das Mittelschiff der Klosterkirche. Die Empore öffnet sich durch einen hohen Rundbogen, flankiert von zwei schmalen, niedrigeren Rundbögen. Der Mittelbogen wird von zwei paarweise hintereinander angeordneten Säulen getragen, deren Kapitelle mit Schild-, Wulst-, Korb- und Rippenmustern versehen sind. Insgesamt ist der Typus dieser Klosterkirche mit doppeltürmigem Westwerk in der mittelrheinischen Romanik häufiger anzutreffen – dies trifft auch auf die Kapitellornamentik zu.

Schlichtheit und Strenge charakterisieren das dreischiffige, fünfjochige und querschifflose Langhaus mit seinen niedrigen Seitenschiffen. Die Hochschiffwände werden von auf Pfeilern ruhenden Rundbögen getragen, die den Durchlass zu den Seitenschiffen freigeben. Über den Bögen sind in der ungegliederten Wand im Bereich des Obergadens Rundbogenfenster angebracht. Das Langhaus setzt sich in einem einjochigen, dreistufig leicht erhöhten Chorbereich fort. In der halbrund abschließenden Hauptapsis ist die gemauerte romanische Mensa des Hochaltars erhalten. Die Seitenschiffe enden in kleineren, ebenfalls rund abschließenden Seitenapsiden. Der Kirchenraum schließt mit einer flachen Balkendecke ab.

Der Brand von 1699 vernichtete die gesamte Inneneinrichtung der Klosterkirche. Spätere Ausstattungsgegenstände entstammen überwiegend der Barockzeit, so vor allem die Altäre, die Kanzel und die Orgel. Darüber hinaus verfügt die Kirche noch über eine Reihe im wesentlichen barocker Skulpturen.

Von den Klostergebäuden sind im ummauerten Areal noch der Ost- und Südflügel erhalten. Es handelt sich um Bruchsteingebäude aus dem 18. Jahrhundert, die den Kreuzgang als Flur mit einbezogen haben. Der Westflügel war schon 1812 abgerissen worden. Um den Wirtschaftshof stehen einstöckige Bruchsteintrakte mit ausgebauten Mansardendächern ebenfalls aus dem 18. Jahrhundert. Ein Portal aus dem Jahre 1769 führt den Besucher genau auf das Kirchenportal zu. Den nördlich des Areals gelegenen neobarocken Schlossbau errichteten sich die Grafen Droste zu Vischering von Nesselrode-Reichenstein.

Inzwischen ist der Gebäudekomplex der Klosterkirche St. Agnes von der „Schrevel'schen Gesellschaft für Pflegedienste und Betreuung" vorbildlich in ein Seniorenstift umgebaut worden – in der neobarocken Orangerie befindet sich das Café.

Blick auf das Westwerk der Klosterkirche mit Klosterflügel

Blick durch das Kirchenschiff auf den Chor von St. Agnes

Propsteikirche St. Pankratius

St. Pankratius

Benediktiner-Propsteikirche in Oberpleis

Im Schatten des Siebengebirges südlich des Unterlaufs der Sieg gelegen, stellt das Pleiser Ländchen eine kulturgeschichtliche Kleinregion dar, deren Mittelpunkt die Benediktinerpropstei St. Pankratius bildete. Besiedelt war dieses Gebiet schon in der jüngeren Steinzeit, wie eine Reihe von Funden an Feuersteinwerkzeugen oder Urnengräbern belegen.

In der ersten fränkischen Rodungsphase zwischen 500 und 800 n.Chr. wurde das Pleiser Hügelland zielgerichtet besiedelt. Ein Gaugraf befehligte über die Region von seinem Fronhof in Oberpleis aus. Der Name der Siedlung rührt von ihrem Standort am oberen Pleisbach her.

Die erste Urkunde, in der Oberpleis namentlich erwähnt wird, stammt aus dem Jahre 859. Danach schenkten die Edlen Gerbert und Othilfrid dem Cassiusstift in Bonn einen Hof in der Gemarkung Oberpleis. Es muss sich hierbei um den „Bönnschen Hof" in Wahlfeld, 1,2 Kilometer nördlich des heutigen Propsteihofs gehandelt haben, der bis zur Säkularisierung 1803 im Besitz des Stiftes geblieben ist.

Der Propsteihof geht auf den erwähnten Fronhof des Gaugrafen zurück, der wohl im 10. Jahrhundert bereits eine Eigenkirche besaß. Die Grenzen dieser Pfarrei – mit dem Recht auf Erhebung des Zehnten – wurden vom Kölner Erzbischof Wigfried in einer weiteren Oberpleis betreffenden Urkunde im Jahre 948 festgelegt. Durch den Sieg des Erzbischofs Anno über den Pfalzgrafen Heinrich im Jahre 1059 gewann Köln die Oberhand über die Burg auf dem Siegberg. Anno gründete 1064 auf diesem Berg ein Kloster zu Ehren des Heiligen Michael. Dieses Kloster prosperierte schnell und legte Tochterklöster, eines der ersten um 1100 an dem inzwischen zu Siegburg gehörenden Oberpleiser Fronhof, an. Die alte Pfarrei des Ortes wurde ganz zu Beginn des 13. Jahrhunderts der Propstei inkorporiert – und damit wurde auch der Weg zur Übernahme des im Ort verehrten „Eisheiligen" St. Pankratius frei. Nach der Säkularisierung übernahm St. Pankratius die Funktion der Pfarrkirche von Oberpleis. Die alte Ortskirche mit Standort auf dem heutigen Kirch-

Die Sturmglocke vor der Kirche

Ehemalige Benediktiner-Probsteikirche St. Pankratius

Siegburger Straße, 53639 Königswinter-Oberpleis
Kath. Pfarrgemeinde St. Pankratius:
Siegburger Straße 10, 53639 Königswinter
Tel.: 0 22 24 / 22 31 · **Fax:** 0 22 44 / 8 25 46
Öffnungszeiten: zu Gottesdienstzeiten, sonntags bis 18.00 Uhr
Führungen: nach vorheriger Anmeldung im Pfarrbüro
Literatur: • Robert Fink: Die ehemalige Benediktinerpropstei St. Pankratius in Königswinter-Oberpleis, Rheinische Kunststätten Heft 80, Köln 1989

Rechtsrheinisch

Oben: Blick auf den Chor der Propsteikirche

Unten: Pfarrhaus der Propstei

platz diente noch ein paar Jahre als Schul- und Gemeinderaum und wurde dann um 1820 abgerissen.

Als Klosterkirche der neuen Propstei Oberpleis wurde bis etwa 1160 eine schlicht gehaltene, flachgedeckte dreischiffige Pfeilerbasilika, klar gegliedert in Laienraum, Mönchsraum und Altarraum, errichtet – sie entsprach ganz dem strengen romanisch-salischen Baustil und hatte die Mutterkirche auf dem Michaelsberg zum Vorbild. Wesentliche Teile ihres Langhauses und ihre Krypta haben sich über alle Bautätigkeiten an der Kirche in der nachfolgenden Zeit hinweg bis heute erhalten.

Der mächtige, quadratische Vierungsturm wurde St. Pankratius 1160 im Westen vorgesetzt. Seine Untergeschosse sind ungegliedert, das vierte Geschoss trägt Blendbögen und das Glockengeschoss gekuppelte Schallöffnungen. Der Turm ist mit einer achtseitigen gotisierenden, mit Schiefer gedeckten Pyramidenspitze bekrönt. Die Eingangshalle des Turms ist tonnengewölbt. Eine im südlichen Querschiff angebrachte Treppe führt in das erste Geschoss, das der Gemeinde zu Gerichtszwecken und heute als Orgelempore dient. Denn die Pröpste von Oberpleis wurden im Laufe der Jahre immer selbstständiger, stiegen sogar zu Landesherren einer eigenen Unterherrschaft auf, doch der Kirchturm war auch im Mitbesitz der Gemeinde – wie der Gerichtsraum im ersten Turmgeschoss zeigt. So lautet denn auch eine Inschrift auf der Sturmglocke, die heute im Ehrenmal vor der Kirche eingefügt ist: „Ich gehöre den Dörflern, nicht den Mönchen".

Ende des 13. Jahrhunderts setzte dann der Niedergang der Propstei Oberpleis ein. Schulden zwangen zum Verkauf von Klostergütern. Zucht und klösterliche Ordnung mussten angemahnt werden. Doch mit dem Niedergang ging auch der äußere Einfluss mehr und mehr verloren. Die Vögte des Amtes Blankenberg, das seit 1363 im Besitz von Graf Wilhelm von Berg ist, fühlen sich schon gleichberechtigt. Um 1500 ist Oberpleis bergisch, gehört zum Amt Blankenberg – mit der Herrlichkeit ist es vorbei!

Wenn man die Propsteikirche durch die Vorhalle betritt, gelangt man in das sechsachsig angelegte Langhaus. In einem zweiten Bauabschnitt zwischen 1210 und 1250

St. Pankratius

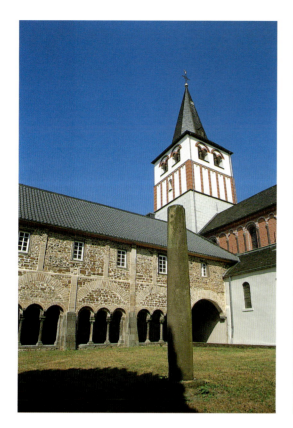

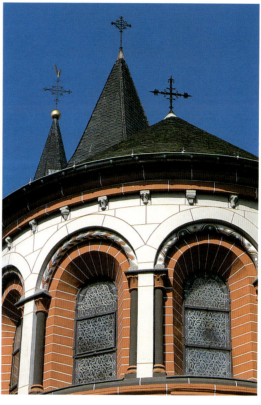

Oben links: Blick über die Gerichtssäule in den Innenhof auf den Turm der Propsteikirche

Oben rechts: Chorpartie

Unten: Fensterpartien

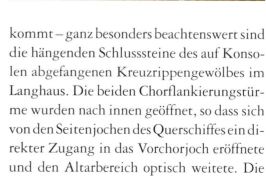

erhielt die Kirche ihr endgültiges Aussehen. Die Vierung mit dem nur um einen Mauerstein vorspringenden Querhaus und der Ostchor wurden auf altem Grundriss neu gestaltet, das Langhaus eingewölbt. Im südlichen Seitenschiff zog man Kreuzgratgewölbe ein. Der Umbau erfolgte ganz mit staufischer Gestaltungsfreude, wie sie beispielsweise in den schönen Kapitellen zum Ausdruck kommt – ganz besonders beachtenswert sind die hängenden Schlusssteine des auf Konsolen abgefangenen Kreuzrippengewölbes im Langhaus. Die beiden Chorflankierungstürme wurden nach innen geöffnet, so dass sich von den Seitenjochen des Querschiffes ein direkter Zugang in das Vorchorjoch eröffnete und den Altarbereich optisch weitete. Die achtseitigen Turmaufsätze der beiden run-

Rechtsrheinisch

Links: Barocke Figurengruppe der vier Evangelisten

Rechts: Marienstatue

Unten links: Portal der Propsteikirche

Unten rechts: Kreuzigungsgruppe vor der Kirche

den Flankierungstürme trug man später ab. Ob ein Vierungsturm überhaupt errichtet wurde, lässt sich nicht mehr feststellen. Jedenfalls musste das nördliche Seitenschiff im 16. Jahrhundert auch aus statischen Gründen erneuert werden und ist seither gotisch eingewölbt. Die an das nördliche Querschiff angebaute zweigeschossige Sakristei stammt aus dem Jahr 1891.

Aus den Seitenschiffen führen Stufen in die Krypta hinunter, mit deren Bau als ältester Teil der Pankratiuskirche um 1100 begonnen wurde. Sie entspricht ganz der frühromanischen Anlage der Siegburger Michaelsabteikirche. Unter der Apsis ist sie dreijochig, unter dem Querhaus siebenjochig angelegt, wobei ihr Mittelschiff, durch überhöhte Säulen akzentuiert, breiter als die anderen Schiffe ist.

Die Klosterbauten wurden zwischen 1120 und 1150 errichtet. Vom Kreuzgang ist allerdings nur der zweigeschossige Westflügel mit beachtenswerten Kapitellen erhalten. An der Ostseite des ehemaligen Kreuzganggevierts steht das Propsteigebäude, ein zweigeschossiger verputzter Bau aus dem Jahr 1645, das heute als Pfarrhaus dient. Die Südseite schließt eine Mauer ab, in die ein Barocktor eingelassen ist.

Beim Betreten der Propsteikirche fällt zunächst einmal der Tonfliesenboden unter dem ersten und zweiten Joch des Langhauses auf. Als man 1974 den Boden der Kirche wieder auf sein urprüngliches Niveau absenkte, traten wesentliche Teile des als Lehrbild des Kosmos gestalteten Mosaiks zutage, das wieder vervollständigt wurde. Seine

St. Pankratius

Links: Der romanische Dreikönigsaltar

Rechts: Taufstein

Kreuzgang und Figurenkapitelle der Arkaden

Ringe repräsentieren Zahlensymbolik, die Eckrosetten verbinden Jahreszeiten, Elemente, Temperamente und Eigenschaften miteinander.

Schon bei der Instandsetzung der Kirche im Jahre 1952 trat die ursprüngliche romanische Bemalung der Architekturglieder der Kirche wieder hervor. Sie wurde nach den erhaltenen Teilen insgesamt restauriert, ebenso die spätgotische Ausmalung des nördlichen Seitenschiffes mit Diestelranken.

Das bedeutendste Kunstwerk, über das die Pankratiuskirche verfügt, ist das Dreikönigsrelief, das heute als Hochaltar dient, früher vermutlich den Vorsatz des Altars in der Krypta bildete. Diese romanische Steinmensa-Arbeit stammt aus der zweiten Hälfte des 12. Jahrhunderts und wurde wahrscheinlich durch die Überführung der Drei-Königs-Reliquien in den Kölner Dom angeregt. Im Mittelteil des Reliefs thront die Muttergottes, der verehrend die Heiligen Drei Könige und drei Engel zur Seite stehen. Symmetrie und Linienführung dieser Steinmetzarbeit sind von höchstem künstlerischem Wert.

Hingewiesen werden soll noch auf ein Vesperbild links vom Eingang aus dem 15. Jahrhundert. Vier auf Konsolen angebrachte Evangelistenfiguren stammen aus dem 17. Jahrhundert. Von der alten Pfarrkirche stammt noch die Kreuzigungsgruppe nördlich der Pankratiuskirche. Auf erneuertem Unterbau steht diese Steinmetzarbeit aus Tuffstein aus der ersten Hälfte des 17. Jahrhunderts, deren Kreuz sich über dem Paradiesbaum mit Schlange und als Totenköpfen ausgebildeten Früchten erhebt, von Maria und Johannes flankiert.

*Gesamtsicht von
Kloster Nonnenwerth*

Kloster Nonnenwerth

Lebendige Geschichte im Strom

Im Jahre 1126 bestätigte der Kölner Erzbischof Friedrich I. die durch die Abtei Siegburg betriebene Gründung eines Benediktinerinnenklosters „Rolandswerth" auf der heute Nonnenwerth genannten Rheininsel unterhalb der auch von Friedrich I. wenige Jahre zuvor begonnenen Burg Rolandseck, die in den Kriegen des 15. bis 18. Jahrhunderts zur Ruine geriet, und deren wieder errichteter Burgbogen im 19. Jahrhundert zum Sinnbild der Rheinromantik wurde. Die Bezeichnung dieses Klosters als „Nonnenwerth" wurde erst ab dem 17. Jahrhundert üblich.

Die mittelalterlichen Baulichkeiten von Kloster Nonnenwerth sind nur aus wenigen Ansichtszeichnungen aus dem 17. Jahrhundert bekannt. Danach bestanden eine Kirche mit massivem Westturm und verschiedene Klostergebäude. Ein großer Teil der Baulichkeiten wird im Burgundischen Krieg 1477 zerstört. Im 15. Jahrhundert erfolgte auch der Übergang der Aufsichtsrechte über den Konvent von der Siegburger Abtei auf das Kölner Kloster Groß St. Martin. 1752 ging schließlich die Oberleitung des Klosters an die Abtei St. Vitus in Gladbach über. Zu Beginn des 18. Jahrhunderts wurden noch umfangreiche Erweiterungs- und Neubauten vorgenommen, so dass sich das Kloster als vierflügeliger Gebäudetrakt um den Kreuzgang mit verschiedenen Wirtschaftsgebäuden darstellte.

Das Jahr 1773 war ein Schicksalsjahr des Klosters Nonnenwerth. Ein Großbrand vernichtete die Kirche und alle Gebäude. Bereits 1776 wurde der Neubau errichtet, und das Kloster entstand in neuem Glanz – so wie wir es im Kern noch heute sehen. Im Zuge der napoleonischen Säkularisation wurde das Kloster aufgelöst, die Benediktinerinnen behielten aber ihr Wohnrecht. Nachdem auch Nonnenwerth preußisch geworden war, ersteigerte der Gastwirt Sommer die Insel und betrieb in den Klostergebäuden eine Wirt-

Wappen der Äbtissin Benedicta Conradt im Kapitelsaal

Kloster Nonnenwerth

Information: Kloster St. Clemens, Insel Nonnenwerth, 53424 Remagen (Rolandseck)
Tel.: 0 22 28 / 60 09 - 0 · **Fax:** 0 22 28 / 60 09 - 230
E-Mail: provinzialat@nonnenwerth.org
Internet: www. nonnenwerth.de / www. nonnenwerth.org
Anfahrt: Fährbetrieb von der B 9 zur Insel werktags 7.00 bis 20.00 Uhr, samstags 7.00 bis 19.00 Uhr, sonn- und feiertags 9.00 bis 20.00 Uhr, Pause jeweils 12.00 bis 13.00 Uhr
Angebote: · Zu Gast im Kloster: Information s.o.
· Angebote für junge Erwachsene: Tagungen, Wanderungen etc., Information s.o.
Öffnungszeiten: Die Vorabendmesse samstags um 18.00 Uhr gibt Gelegenheit, Insel und Kloster zu besuchen, ein Spaziergang im Klostergarten ist vor Beginn der Messe möglich.
Führung: Besuch des Klosters mit Besichtigung des Museums nach Absprache mit der Verwaltung, Information s.o.
Literatur: · Claudia Euskirchen: Kloster Nonnenwerth, Rheinische Kunststätten Heft 447, Rheinischer Verein für Denkmalpflege und Landschaftsschutz 2000
· Schwester Angelika Cools und Schwester Dr. Hildegard van der Wijnpersse: Sein Werk – nicht das meine: Mutter Magdalena Damen und ihre Kongregation der Franziskanerinnen von Heythuysen im 19. Jahrhundert, Aachen 1992

Rechtsrheinisch

Nordfront von Kloster Nonnenwerth

schaft. Hier trafen sich Dichter wie Ernst Moritz Arndt, Karl Simrock oder etwa Ferdinand Freiligrath, die angesichts des Rolandsbogens das Rheinpanorama genossen. In aller Erinnerung ist der Geburtstag von Franz Liszt am 22. Oktober 1841 – die an diesem Tag vor der Westfassade des Klosters gepflanzte Platane ist heute der höchste Baum der Insel. Der Gastwirt Sommer verschuldete dennoch, weil der Hotelbetrieb zu wenig Gewinn abwarf. Der Tochter seiner Hauptgläubigerin Auguste von Cordier gelang es dann, dass das Kloster wieder gemäß seiner ursprünglichen Bestimmung genutzt werden konnte. Sie gründete hier ein Mädchenpensionat, schloss sich den „Franziskanerinnen von der Buße und der christlichen Liebe" von Heythuysen (Holland) an und war seit 1854 als Mutter Angela Oberin und Pensionatsleiterin.

Während beider Weltkriege wurden Lazarette in den Klostergebäuden eingerichtet. Der in der Nazizeit geschlossene Schulbetrieb wurde 1945 wieder aufgenommen. Erstmals wurde 1978 ein weltlicher Schulleiter eingesetzt, und auch Jungen wurden aufgenommen.

Nach dem verheerenden Brand am 31. Januar 1773 riss man alle Gebäudereste des Klosters ab und erhöhte aus Hochwasserschutzgründen den Baugrund mit dem Bauschutt um über einen Meter. Die Grundsteinlegung des neuen Klosters erfolgte schon am 14. April 1773, wie der Sockelstein in der Nordostecke mit einer entsprechenden Inschrift aussagt. Die Einweihung des Neubaus fand im Sommer 1775 statt. Architekt dieses Neubaus war

Barocker Skulpturenschatz aus Kloster Nonnenwerth

Nikolaus Lauxen, der durch sein Hauptwerk, die Brauweiler Prälatur, brillierte.

Das barocke Kloster Nonnenwerth, wie es Lauxen entwarf, bildet eine zwei Binnenhöfe umschließende Baugruppe mit den Schauseiten an der Nord- und Westfront. Zum Entstehungszeitpunkt waren alle Klosterfunktionen, auch ihre Wirtschaftsbetriebe, in diese Baugruppe integriert. Die zweigeschossige Anlage ist mit hohen, schiefergedeckten Mansarddächern eingedeckt. Als Baumaterial diente an der Basis Basalt, das aufgesetzte Mauerwerk wurde aus Bruchstein und verwertbarem Material aus dem Vorgängerbau aufgemauert und verputzt. Die optischen Gliederungsmerkmale der Fassaden wie Lisenen, Pilaster und Gesimse wurden aufgeputzt.

Der Hauptbau gruppiert sich vierflügelig um den nördlichen quadratischen Binnenhof. Die elfachsige Nordfassade stellt die Eingangsfront dar. Ihre mittleren drei Achsen bilden einen Risalit heraus, der das erste Dachgeschoss mit einbezieht und darüber mittig durch einen einfenstrigen Giebelvorbau abgeschlossen wird. Pilaster an den Risalitkanten und zwischen den Fenstern betonen diesen Portalteil der Nordfront. Den östlichen Teil der Hauptfassade bildet die dreiachsige Kapellenfront. Pilaster gliedern ihre dreigeschossige Fassade in einen schmaleren Mittelteil und je zwei breitere Seitenteile. Das Portal im Parterre gleicht dem Hauptportal und wird von zwei kleineren längsovalen Fenstern flankiert. Im Obergeschoss ziehen sich drei hohe Rundbogenfenster über den ersten Stock hinaus. Über dem mittleren Fenster ist dann noch ein kleines querovales Hochfenster angebracht. Nach oben schließt die Kapellenfassade mit einem auf beiden Seiten in Voluten eingerollten Giebel ab. Darüber krönt ein Dachreiter die Kapellenfront. Er ist als achtseitig gebrochene Laterne mit geschweiftem Haubendach und aufgesetzter Zwiebel ausgestaltet.

Die ursprünglich siebzehnachsige Westfassade wurde 1892 nach Süden um vier Achsen baustilidentisch verlängert. Drei in das untere Mansardgeschoss eingelassene Dreieckgiebel vermitteln einen dreipilastrigen Fassadeneindruck. Das mittlere dieser drei Fassadenelemente ist breiter ausgebaut und birgt im Obergeschoss hinter

Rechtsrheinisch

Oben: Altar der Klosterkirche

Rechts: Altarkreuz

sich den großen Fest- und Kapitelsaal des Klosters. Die ersten fünf Achsen werden durch die zweigeschossigen Rundbogenfenster der Kapelle gebildet. Den Zusammenhalt zwischen diesen unterschiedlichen Fassadenelementen bilden das Geschossgesims und die aufgesetzte einheitliche Mansarddachkonstruktion.

Im Südteil der Westfassade befindet sich auch der Zugang zum Wirtschaftshof. Hier stehen die für den äußeren Betrachter nicht sichtbaren niedrigeren Wirtschaftsgebäude. In dem Maße, wie der Landwirtschaftsbetrieb von Nonnenwerth eingeschränkt wurde, wurden auch die Nutzgebäude umgewidmet oder umgebaut. Parallel dazu wurde der im Norden der Klostergebäude gelegene Nutzgarten

Melanie Filla und Ekaterina Merten, zwei Schülerinnen des Gymnasiums Nonnenwerth, berichten im General-Anzeiger über das Leben auf der Insel:

„Nicht jeder kommt in die heiligen Hallen von Nonnenwerth: Außer am Tag des Sports und am Tag der offenen Tür bleiben die Pforten für gewöhnliche Sterbliche verschlossen. Das gilt natürlich nicht für die Schüler und Inselbewohner. Worüber viele Schüler fluchen, ist die Kleiderordnung (keine Miniröcke im Sommer, nichts Bauchfreies) und natürlich das strenge Kaugummiverbot, dessen Missachtung mit drakonischen Strafen geahndet wird. Begründet wird es mit den Teppichböden, die für des Lehrers und schließlich auch des Schülers Wohlbefinden ausgelegt wurden. Mit einem Ausflug zur Nordspitze, bei der man übrigens das Bundesland wechselt – von Rheinland-Pfalz nach Nordrhein-Westfalen – ist der Rundgang zu Ende. Es hat sich auf jeden Fall gelohnt.

Da die Schule eine private Klosterschule ist, sollte man davon ausgehen, dass die Lehrergemeinschaft mindestens zur Hälfte aus Schwestern besteht; aber nein, die Nonnen scheinen auf der Insel einer aussterbenden Rasse anzugehören. Lediglich eine, Schwester Andrea Becker, ist noch im Schuldienst tätig. Die anderen sind meist in Remagens Krankenhaus Maria Stern beschäftigt oder anderswie auf der Insel unterwegs; als Gartenschwester, die einem alles über den 1. FC Köln erzählen kann, oder als Bibliothekarin, die die Weltliteratur von A bis Z kennt."

Kloster Nonnenwerth

Links: Marienmosaik im Kreuzgang

Rechts: Ausschnitt aus den Wandmalereien des Credo-Ganges

durch die Anlage eines Springbrunnens und von Blumenbeeten wie Rasenflächen in einen englischen Ziergarten verwandelt.

Kernraum der Klosteranlage von Nonnenwerth ist bis heute die Kapelle St. Clemens. Sie ist als fünfjochiger Saalbau angelegt. Kreuzgratgewölbe, die auf vorgesetzten Pilastern ruhen, tragen die Decke. Der Chorbereich ist in den Süden gelegt und schließt ohne Apside mit einer geraden Mauer ab. In diese Mauer sind in Obergeschosshöhe zwei Rundbogenfenster als Äbtissinnenloge eingesetzt. Im Eingangsbereich auf der Nordseite ruht die Nonnenempore auf vier Säulen. An der Gebäudeinnenseite sind in Höhe des ersten Geschosses in den Achsen geschweifte Balkone angebracht, die Zugang vom sog. „Credo-Gang" haben. Dieser Gang entstand durch spätere Aufstockung des Kreuzganges. Er wurde zu Beginn des 20. Jahrhunderts ganz im Sinne der Beuroner Malschule mit entsprechenden Gemälden von Schwester Elma Koenig (1890-1974) versehen.

Der Hochaltar der Kapelle wurde 1955 aus den Resten eines süddeutschen Barockaltars aufgestellt. Dieser Hochaltar verdeckt seither das Stirnwandfresko der Kreuzabnahme des der Düsseldorfer Malschule zuzurechnenden Künstlers Andreas Müller, das 1863 der Düsseldorfer Künstler Petri vollendete. Die Orgel stammt aus dem Jahr 1975 und wurde in einen barocken Prospekt aus dem Jahre 1750 eingebaut.

Die Krypta unterhalb des Kapellenchores wurde als tonnengewölbter Totenchor angelegt. Die letzte Bestattung fand hier 1859 statt, weil dann ein Friedhof auf der Insel angelegt werden musste.

Hingewiesen werden soll noch auf den barocken Kapitelsaal des Klosters, der im ersten Stock auf der Westseite mit sechs Fensterachsen die gesamte Breite des mittleren Giebelfeldes der Westfassade einnimmt. Insbesondere seine Stuckaturen verdienen die Aufmerksamkeit des Betrachters. Das heutige Museum befindet sich in dem dreifenstrigen Raum links vom Hauptportal.

Die Um- und Neubauten des 20. Jahrhunderts, vor allem die nach dem Zweiten Weltkrieg, dienten ganz einer verbesserten Nutzung der Klostergebäude als Gymnasium. Insgesamt ist aber der barocke Gesamteindruck der Klosteranlage dabei erhalten geblieben.

Der Dachreiter der Nepomukkapelle

NEPOMUKKAPELLE

STIFTUNG EINES OPERNSTARS IN HOLZEM

Der kleine Ort Holzem bei Villip trägt seinen Namen nach der ehemaligen Bezeichnung „Holtzheimer Busch" für den Wachtberg. Hier steht die Nepomukkapelle, deren Stifter der Sänger Anton Raaff, eine der profiliertesten Künstlerpersönlichkeiten des 18. Jahrhunderts, war.

Anton Raaff erblickte am 6. Mai 1714 als einfacher Bauernsohn in Gelsdorf das Licht der Welt. Die Eltern zogen wenige Jahre später auf den „Unteren Hof" in Holzem, der sich im Besitz des kurkölnischen Obristhofmarschalls Freiherr Maximilian Waldbott von Bassenheim zu Gudenau befand. Es war nämlich dieser Herr zu Gudenau, der die wunderbare Stimme und musikalische Begabung des jungen Knaben Anton Raaff erkannte. Es gelang ihm, den Jungen in die neu gegründete Hofkapelle des Kurfürsten Clemens August aufnehmen zu lassen. Clemens August wurde so auf ihn aufmerksam und ließ

Statue des Heiligen Nepomuk über dem Portal

Links: Altar der Nepomukkapelle

Nepomukkapelle

Kranhofstraße
Auskunft: Kath. Pfarramt St. Simon und St. Judas, Villiper Hauptstraße 35, 53343 Wachtberg-Villip
Tel.: 02 28 / 32 20 46 · **Fax:** 02 28 / 32 27 76
Betreuung der Kapelle: Anneliese Weber, Tel. 02 28 / 32 43 82 und Reinhold Klöckner, Tel. 02 28 / 32 41 89
Öffnungszeiten: Die Kapelle ist geschlossen; montags findet um 19.00 Uhr eine Messe statt.
Führungen: Auf besondere Anfrage über die Gemeinde Wachtberg oder durch Dechant W. Sulk, Kath. Pfarramt Villip
Messen: Zum Patronatsfest zu Ehren des Heiligen Johannes von Nepomuk am Namenstag 16. Mai; Gelöbnistag am 21. November
Literatur: · Hildegard Heister-Möltgen: Anton Raaff und seine Welt – Lebensbild eines berühmten Tenors aus dem 18. Jahrhundert, Wachtberger Hefte Band 1 (zu beziehen über das Gemeindeamt Wachtberg)

Linksrheinisch

Gesamtansicht der Kapelle

ihn nach Bologna schicken, wo er eine Ausbildung beim berühmten Sänger Antonio Bernacchi zum professionellen Konzertsänger absolvieren durfte – dies war der Grundstein zu Anton Raaffs Künstlerkarriere zum international gefeierten „Star". Jahrelang trat er wechselnd an den Bühnen der europäischen Fürstenhäuser vor allem in Italien auf, bis er ab 1770 ein festes Engagement am Mannheimer Hof des Kurfürsten Karl Theodor von der Pfalz annahm. Mit Mozart, der einige Jahre später um ein Engagement in Mannheim nachsuchte, freundete er sich – trotz des großen Altersunterschieds – über Jahre an. Später wechselte Raaff an den bayerischen Hof, wo er die Hauptrolle in Mozarts Oper „Idomeneo" sang, der erste große Opernerfolg für den jungen Mozart und glanzvoller Höhepunkt der Karriere des Anton Raaff, der sich danach altersbedingt zur Ruhe setzte.

Kunsthistoriker setzen den Bau der Kapelle auf den Jahreswechsel 1743/44 fest. Raaff hatte es zwischen seinen Auslandsaufenthalten immer wieder in seinen Heimatort zurückgezogen, wo er im Haus seiner beiden auch unverheiratet gebliebenen Schwestern stets neue Kraft für seine Auftritte sammelte. Als Zeichen der Verbundenheit zu Holzem stiftete Raaff die Kapelle und ließ sie dem Heiligen Johannes von Nepomuk weihen. Raaff wählte nach der Überlieferung den von ihm bewunderten Heiligen Nepomuk deshalb aus, weil dieser in Prag im 14. Jahrhundert unter Folter große Qualen litt, aber kein Beichtgeheimnis preisgab.

Die Nepomukkapelle in Holzem ist ein kleines barockes Juwel, ein Saalbau aus verputztem Bruchstein. Der Chor ist dreiseitig geschlossen. Das Dach trägt im vorderen Bereich einen Reiter mit Schweifhaube und aufgesetzter Fahne, den Heiligen Nepomuk darstellend. Seine Statue steht auch in einer eingelassenen Nische über dem Kapelleneingang, darüber zeigt im Giebel eine Uhr die Zeit an.

Anton Raaff ließ die Kapelle reich ausstatten, wobei er Künstler aus dem Umfeld des kurfürstlichen Hofs mit den Arbeiten betraute. Manches kam abhanden, als die Franzosen zu Beginn des 19. Jahrhunderts aus dem Rheinland abzogen, so nach der Überlieferung vor allem die wertvollen Pfeifen der ursprünglichen Orgel. Mindestens genauso wertvoll ist der geschnitzte Barock-

Gedenktafel für Anton Raaff an der Kapelle

altar. Die Madonna in der Altarnische entstammt aber einer späteren Epoche. Das fein geschnitzte Antependium, die Frontverkleidung des Altartisches, weist eine Puttengruppe aus Amor und Psyche unter einem Baldachin auf, und stammt wohl aus dem beginnenden 18. Jahrhundert. Es ist zu vermuten, dass die Puttengruppe einst einen anderen Standort hatte, denn sie passt so gar nicht in den Rahmen dieser Kapelle. Je eine Figur ist über den seitlichen Altardurchgängen platziert; es sind die Standbilder des Heiligen Nepomuk und des Heiligen Antonius von Padua.

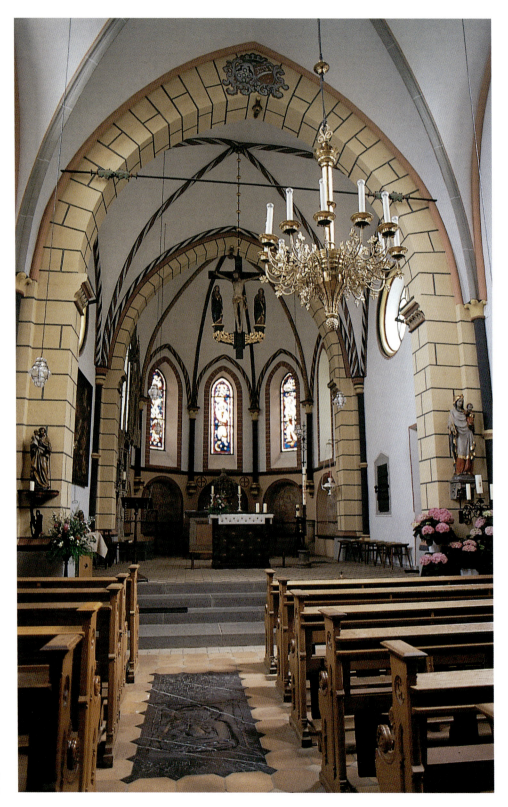

Blick in den Chor von St. Petrus

St. Petrus

katholische Pfarrkirche in Lüftelberg

Der heutige Ortsteil Lüftelberg der Stadt Meckenheim steht auf historischem Boden. Ganz in der Nähe querte die Römische Wasserleitung in einem weit spannenden, hundert Meter langen Viadukt das Tal der Swist. Die Pfeilerfundamente der Leitung hat man inzwischen freigelegt, die Quadersteine der Leitung fanden im Mittelalter in den Kirchen, Burgen und Schlössern der näheren Umgebung als Baumaterial Verwendung, wie etwa ganz deutlich sichtbar an der Burg Münchhausen im nahe gelegenen Adendorf. Der Kalksinter, der sich im Inneren der Leitung gebildet hatte, wurde wegen seiner marmorartigen Struktur für Altarplatten und Säulen verwendet.

Man vermutet, dass das Swisttal im Bereich der heutigen Ortschaft Lüftelberg seit der fränkischen Siedlungsnahme ab dem 6. Jahrhundert bewohnt war. Eine erste urkundliche Erwähnung des Ortes erfolgte im Jahr 1260 als „Berg der Heiligen Lüfthildis" (*Mons S. Lüfteldis*) – hiermit sind zwei Hinweise gegeben: zum einen hieß Lüftelberg bis in das 14. Jahrhundert hinein schlicht „Berge" und zum anderen ist dies ein eindeutiger Hinweis auf die Lüfthildissage, deren Ursprünge sich hierher zurückverfolgen lassen.

Die Lüfthildissage hat Lüftelberg berühmt gemacht. Karl Simrock, der Bonner Dichter der Rheinsagen aus dem 19. Jahrhundert, sah den Ursprung der Lüfthildissage in der Zeit Karls des Großen. Danach soll es zu einem legendären Treffen zwischen dem großen Frankenkaiser und der Ritterstochter Lüfthildis in der Nähe der Tomburg gekommen sein. Karl erlitt einen Jagdunfall, seine blutende Wunde konnte nicht gestillt werden. Der herbeigerufenen Lüfthildis gelang es, mit ihrer Spindel das Blut zum Gerinnen zu bringen. Zum Dank schenkte ihr der Kaiser für ihre Armen alles Land, das sie an einem Abend umreiten konnte. Geboren war die Legende von der demütigen, hilfsbereiten, gottesfürchtigen Jungfrau aus dem Stand der edlen Ritter, die ihren Untertanen Gutes tut – erst im späten Mittelalter sollte der Stand dieser Edelleute zum Raubrittertum abgleiten. Später wurden der ursprünglichen Lüfthildissage zusätzliche Motive bei-

Figurengruppe in der Mitte der Taufsteinabdeckung

INFO

Pfarrkirche St. Petrus

Petrusstraße
Kath. Pfarramt: St. Petrus, Petrusstraße 15, 53340 Meckenheim-Lüftelberg
Tel./Fax: 0 22 25 / 22 37
Öffnungszeiten: eine halbe Stunde vor Gottesdiensten
Führungen: können nach vorheriger Absprache mit dem Pfarrer über das Pfarrbüro angemeldet werden
Literatur: • Harald Herzog und Wolf D. Penning: Meckenheim-Lüftelberg – Burg und Pfarrkirche, Rheinische Kunststätten Heft 114, Bonn 1994

Linksrheinisch

Blick auf St. Petrus

gegeben, die auch die weitere Entwicklung des Rittertums widerspiegeln. Da ist einmal die Geschichte ihrer Stiefmutter, die schon das Streben nach weltlicher Macht verkörpert, deren anmaßendes Verhalten aber die Gottesfürchtigkeit der Lüfthildis nur gefährden, aber nicht untergraben kann. Dann wird die Legende erzählt, in der sie in einem Grenzkonflikt mit einem Nachbarn ihres Vaters, des Lüftelberger Burgherren, als Friedensstifterin auftritt. Und nicht zuletzt gibt es noch die Legende vom Kohlen- und Rosenwunder. Danach erhielt Lüfthildis von einem Bäckerknecht glühende Kohlen in ihre Schürze geschenkt. Doch die Schürze verbrannte nicht, Lüfthildis verspürte keinen Schmerz, und die Kohlen verwandelten sich in Rosen. Ausdauer im christlichen Glauben wird hiermit als größte Tugend symbolisiert, die der zunehmend von Habgier und Machtbedürfnis charkterisierten Welt des späten Mittelalters entgegenstehen soll.

Bereits 1240 erwähnte Caesarius von Heisterbach die Lüfthildissage. So musste schon im 13. Jahrhundert die Kunde von Lüfthildis und ihre Verehrung als Heilige weit über ihren Ursprungsort hinaus verbreitet gewesen sein. Im 14. Jahrhundert ließ die Äbtissin von Hoven bei Düren einen Lüfthildisaltar in ihrer Kirche aufstellen. Anfang des 17. Jahrhunderts erschien eine vom Stiftsherrn von Münstereifel verfasste Lebensbeschreibung der Lüfthildis. Angesichts des wachsenden Bekanntheitsgrades veranlasste der Erzbischof und Kölner Kurfürst Ferdinand 1623 die Hebung der Gebeine der Lüfthildis, und er ließ ihr ein Hochgrab in der Pfarrkirche von Lüftelberg errichten.

Die Pfarrkirche St. Peter zu Lüftelberg ist ein Kleinod rheinischer Kirchenromanik. Ihre ältesten Bauteile, so das Untergeschoss des Turmes wie auch die Außenwände des Langhauses, stammen aus dem Übergang vom 11. zum 12. Jahrhundert. Die Herren der benachbarten Burg Lüftelberg ließen sie architektonisch reich gliedern, tünchten sie weiß und gaben ihr eine auffällige, rot kontrastierende Konturenbemalung, die heute – wieder aufgefrischt – das Erscheinungsbild des Ortes Lüftelberg prägt. Mitte des 14.

St. Petrus

Jahrhunderts war dann – nach der hundert Jahre zuvor erfolgten Fertigstellung des Chores und des Vorjoches – mit der Erhöhung des Langhauses und seiner Einwölbung, wobei man gleichzeitig spitzbogige Fenster in die Wände einbrach, der Bau der Pfarrkirche St. Peter abgeschlossen.

Schon damals war die Pfarrkirche Ziel einer zunehmenden Schar von Pilgern, die die Grabstelle der Heiligen Lüfthildis aufsuchten. Mit der Hebung ihrer Gebeine und der Errichtung des Hochgrabes erlangte die Pfarrkirche die Bedeutung eines Wallfahrtsortes. Zwei Hochfeste gab es im Jahr, jeweils im Juni und im Januar an ihrem angenommenen Sterbetag. Buntes Treiben herrschte dann in und um die Kirche – der Klerus wie auch die Burgherren werden davon profitiert haben.

Der Baukörper der Lüftelberger St.-Peter-Pfarrkirche stellt sich als einschiffiger Kapellenbau dar. Seit der Einwölbung ist der Deckenabschluss des Langhauses durch Kreuzrippengewölbe gegeben. Ein Chorjoch sowie die Apsis mit gebrochenem 5/8-Abschluss wurden im rheinisch-staufischen Stil hinzugefügt. Der ursprüngliche Rundbogenfries des Chorhauses ist noch auf der Nordseite vorhanden. Die Apsis weist mit Lisenen, Rundbogenfriesen und Dachgesims eine besonders reiche Außengliederung auf. Der wuchtige Turm stammt im Kern aus der Entstehungszeit der Kirche und wurde um 1200 auf seine heutige Höhe gebracht und mit einem Pyramidendach versehen. Seine einzelnen Geschosse sind leicht zurückspringend angelegt und mit Lisenen und Rundbogenfriesen gegliedert. Das Mittelgeschoss des Turms wird von der grundherrlichen Kapelle mit Altarapsis und Abstellnische eingenommen. Sie war das Oratorium der Burgbesitzer von Lüftelberg, die ja auch das Patronatsrecht ihrer Pfarrkirche innehatten – ein Rundfenster in der Ostwand dieser Kapelle gab ihnen den

Taufstein in der Taufkapelle mit der Lüfthildis-Statue im Hintergrund

Lüfthildis-Statue

163

Linksrheinisch

Chor von St. Petrus

Blick auf den Altar frei. Der barocke Sakristeianbau stammt aus dem Jahre 1647. Hier fand die neue Patronatsloge ihren Platz, die durch den Einbau der Orgelempore aus dem Turmmittelgeschoss verdrängt worden war.

Zur wertvollen Innenausstattung der Lüftelberger Kirche gehört ein romanischer Taufstein aus der Mitte des 13. Jahrhunderts aus Basaltlava, der auf einer attischen Basis mit Eckzehen ruht. Er ist heute im Untergeschoss des Turms aufgestellt, der als Taufkapelle dient. Der Sandsteinsarkophag der Lüfthildis ist heute unter einer Grabplatte inmitten des Kirchenschiffes verborgen – ihr Alter lässt sich aufgrund der einfachen Bearbeitung nicht genau datieren. Das ehemalige Hochgrab der Lüfthildis, das mit der Hebung ihrer Gebeine im Jahre 1627 aufgebaut worden war, wurde im Zuge der Innenrestaurierung der Kirche in

Fensterpartien von St. Petrus

den 70er Jahren des vorigen Jahrhunderts wieder abgebrochen. Die Grabplatte aus poliertem römischem Kalksinter ist heute auf der Orgelempore aufgestellt. Wertvolle Bestandteile der Innenausstattung der Lüftelberger Pfarrkirche stellen des weiteren ein steinernes Wandtabernakel vom Ende des 15. Jahrhunderts an der Chornordwand, eine hölzerne Kreuzigungsgruppe mit Maria und Johannes an der Südwand des Vorjoches etwa aus der gleichen Zeit, ein hölzernes Vesperbild von 1500 in barocker Fassung, eine Terracottafigur der Heiligen von 1751 in der Taufkapelle und nicht zuletzt der Orgelprospekt aus dem 17. Jahrhundert dar.

Grabkreuze an der Kirche

Kurt Faßbender, Begründer der Lüfthildis-Mysterienspiele, berichtet im General-Anzeiger über die Tradition der Mysterienspiele in Lüftelberg:

„Die Lüfthildis-Mysterienspiele von Lüftelberg wurden 1981 gegründet. Das Ziel war, die alte Wallfahrtstradition des Ortes wieder zu begründen und durch ein interessantes Element zu beleben. Seit dem 14. Jahrhundert ist die Bezeichnung „Mysterienspiel" bekannt. Sie kommt aus Frankreich und benennt szenische Aufführungen geistlicher Art, die sich in dramatischer Form aus der Osterliturgie entwickelten. Später erweiterten sich die Inhalte über Weihnachts- und Passionsspiele hinaus. Sie blieben aber kirchlichen Themen verbunden und hielten sich bis ins 18. Jahrhundert. Seit dem Ersten Weltkrieg gibt es Erneuerungsbestrebungen. Als typisches Beispiel ist der „Jedermann" bekannt, der in der Bearbeitung von Hugo von Hoffmannsthal seit 1920 im Mittelpunkt der Salzburger Festspiele steht. Die Lüfthildis-Mysterienspiele fügen sich in die Reihe dieser Spiele ein. Sie übernehmen dem Inhalt nach dieselben Ziele: Gestalten und Gedanken kirchlicher Verkündigung. Auch die sprachliche Form bleibt weitgehend erhalten. Hymnenartiger Rhythmus, symbolische Darstellung in Sprache und Dramaturgie. Dazu treten allerdings in besonders zeitbedingten Aussagen moderne Kommunikationsformen auf. Neu an den Lüfthildis-Mysterienspielen sind vor allem die Texte, denn sie stellen Probleme, Schwierigkeiten und Gedanken der Gegenwart in den Mittelpunkt. Sie zeigen Bilder, halten sich nicht an den Ablauf einer Lebensbeschreibung oder eines Geschehens, bringen Vergangenheit und Zukunft in zeitgenössischen Kostümen zur Sprache."

Ortskern von Rheinbach mit Blick auf St. Martin

St. Martin

Katholische Pfarrkirche in Rheinbach

Rheinbach besteht seit dem 9. Jahrhundert als Lehen der Abtei Prüm, seit 1247 als Lehen des Erzstiftes Köln. Eine Pfarrkirche St. Martin wird urkundlich erstmals im Jahre 943 erwähnt.

Durch die Lage Rheinbachs an der Aachen-Frankfurter-Heerstraße kam es Ende des 13. Jahrhunderts zur Stadtgründung, die Stadtbefestigung war 1323 abgeschlossen. Die ursprüngliche Pfarrkirche St. Martin konnte aber nicht in die Befestigung mit einbezogen werden – am Standort der heutigen Pfarrkirche bestand damals lediglich eine Filialkirche. Seit der Mitte des 17. Jahrhunderts gewann diese Filialkirche an Bedeutung, die alte Pfarrkirche außerhalb der Mauern brannte 1789 durch Blitzschlag bis auf die Grundmauern ab.

Statue des Kirchenpatrons

Die spätmittelalterliche Geschichte Rheinbachs ist durch viele Katastrophen gekennzeichnet. Im Jahre 1468 wurde die in den Stadtmauern gelegene Filialkirche von den Soldaten des Pfalzgrafen Friedrich zerstört. 1664 wütete ein verheerender Brand in Rheinbach. 1673 eroberten die Holländer

Frontpartie von St. Martin

INFO

Pfarrkirche St. Martin

Hauptstraße
Kath. Pfarramt St. Martin: Langgasse 12, 53359 Rheinbach
Tel.: 0 22 26 / 21 67 · **Fax:** 0 22 26 / 1 74 86
Internet: www.St-Martin-Rheinbach.de
Öffnungszeiten: ganztägig (außer bei Kirchenputz – siehe Schild)
Führungen: Innerhalb der Stadtführungen nach Vereinbarung; speziell auch durch das Pfarramt St. Martin vermittelbar.
Literatur: • Hermann Löher: Hochnötige Unterthanige Klage des frommen Unschültigen, Amsterdam 1776; Nachdruck im Westkreuz Verlag Bad Münstereifel 1999

Linksrheinisch

Marien-Statue

Rheinbach und verwüsteten die Kirche. 1680 vernichtete ein neuer Brand die Stadt – nur zwanzig Häuser blieben verschont. Danach wurde die St. Martin-Kirche in der Stadt als dreischiffiger Bau in spätgotischer Form mit vorgelagertem Westwerk und zwei polygonalen Chören neu errichtet. Traurige Berühmtheit erlangte Rheinbach durch die in der Stadt im 17. Jahrhundert ausufernden Hexenprozesse, die den damaligen Bürgermeister Löher sogar zur Flucht durch Freikauf zwangen.

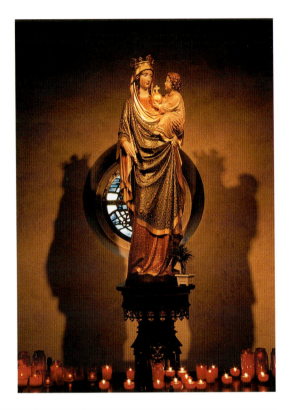

Im Jahre 1904 wurde die erforderliche Erweiterung von St. Martin vorgenommen. Mittelschiff, südliches Seitenschiff und der Turm blieben stehen, an das Hauptschiff baute man nach Norden hin eine dreischiffige Hallenkirche an. Am 5. März 1945, ganz am Ende des Zweiten Weltkrieges, trafen St. Martin Tieffliegerbomben, in deren

Blick in das Kircheninnere von St. Martin

168

Folge das Kirchenschiff in Trümmern zusammenbrach, nur der Turm blieb stehen. Ab 1948 erfolgte der Wiederaufbau nach Plänen des Bonner Architekten Kleefisch.

Der Besucher betrit heute St. Martin durch die Vorhalle, die durch Glastüren den Blick in das Kircheninnere freigibt. Der helle Innenraum bildet von der Orgelbühne, die 1983 eingebaut wurde, bis zur Chorwand ein geschlossenes Ganzes. Die Seitenwände des Chores führen zur Schlusswand hin, durch deren fünf hohe Fenster Licht auf den Opfertisch fällt. In der Marienkapelle links vom Eingang steht eine lebensgroße Muttergottesstatue, die dem Bombenangriff von 1945 entgangen ist. Am linken Seiteneingang befindet sich der sogenannte Schmerzensmann, eine Lindenholzarbeit aus dem 14. Jahrhundert, die St. Martin nach dem Krieg als Geschenk übergeben worden ist. Die Kreuzigungsgruppe an der Stirnwand des Chores ist ein weiterer Blickfang in der Kirche. Das Kruzifix stammt wohl aus dem späten 18. Jahrhundert, die flankierenden Figuren von Maria und Johannes sind neugotisch – die Johannesfigur musste wegen Zerstörung nach dem Krieg erneuert werden. Der Altar aus Dolomitgestein wurde 1698 errichtet. Die Statue des Heiligen St. Martin im rechten Seitenaltar stammt aus der zweiten Hälfte des 15. Jahrhunderts und stand früher in der Friedhofskapelle der Stadt.

Modernes Glasfenster von St. Martin

Der general-Anzeiger berichtet unter dem Titel „Den Bürgermeister der Hexerei bezichtigt" über die Geschichte Rheinbachs:

„Die Geschichte des 17. Jahrhunderts wird von grausamen Hexenverbrennungen und verheerenden Stadtbränden geprägt. Hexenrichter kamen in die Stadt. Was sie über Zauberei, Flüche und Teufel erzählten, fiel auf fruchtbaren Boden, denn der Aberglaube war weit verbreitet. Auch in Rheinbach wurden Frauen und Männer bezichtigt, Gott zu verleugnen und einen Pakt mit dem Bösen eingegangen zu sein. Die Angeklagten wurden so lange gefoltert, bis sie alles zugaben. Sie endeten auf dem Scheiterhaufen.

Auch prominente Bürger wurden nicht verschont. Mehrere Schöffen und der Vogt Andreas Schwegeler wurden angeklagt und schließlich ermordet. Bürgermeister Hermann Löher, der gegen die Folter protestiert hatte, sollte ebenfalls hingerichtet werden. Er rettete sein Leben, weil er sich freikaufen konnte. Der Amtmann ließ die Richter gewähren. Denn er und die Ankläger nutzten die Prozesse, um sich persönlich zu bereichern."

Pfarrkirche St. Simon und St. Judas

ST. SIMON UND ST. JUDAS

KATHOLISCHE PFARRKIRCHE IN VILLIP

Der Godesberger Bach, der die Gräben der wohl bekanntesten Wasserburg im Bonner Raum speist, bildet die Südgrenze des Kottenforstes. Links auf der Höhe liegt der kleine Weiler Villiprott mit dem kurfüstlichen Forsthaus Schönwaldhaus, auf der rechten Höhe oberhalb der Gudenau Villip mit der Pfarrkirche St. Simon und St. Judas.

Das Gebiet um den Wachtberg, der heute auch den zusammengelegten Gemeinden zwischen Bad Godesberg und Meckenheim seinen Namen gegeben hat, ist altes Siedlungsland. Hierauf weisen teilweise recht bedeutungsvolle archäologische Funde hin wie vor allem der auf die Zeit um 1500 v. Chr. datierte „Fritzdorfer Becher", ein in Goldblech getriebenes, in seiner Form einzigartiges Gefäß, das in der Ortschaft Fritzdorf gefunden wurde. Römer siedelten u.a. bei Adendorf, Villip und Niederbachem, bei Berkum beuteten sie den Hohenberg als Trachytbruch in den ersten drei nachchristlichen Jahrhunderten aus, der im 19. Jahrhundert als „Domsteinbruch" bekannt wurde, weil mit dem hier vorgefundenen vulkanischen Material der Kölner Dom endgültig fertiggestellt wurde. In Villip wurden fränkische Gräber aus dem 5. Jahrhundert entdeckt. Aus dem 8. und 9. Jahrhundert stammen die ersten urkundlichen Erwähnungen Wachtberger Ortsnamen. So konnte Villip im Jahre 1973 sein 1100-jähriges Ortsjubiläum feiern.

Mit der Besetzung des Rheinlandes durch die Franzosen im Jahr 1794 beginnt die jüngere Verwaltungsgeschichte Wachtbergs. 1800 wurde die Mairie (Bürgermeisterei)

Die Kanzel der Pfarrkirche

St. Simon und St. Judas

Villiper Hauptstraße
Kath. Pfarramt St. Simon und St. Judas:
Villiper Hauptstraße 35, 53343 Wachtberg-Villip
Tel.: 02 28 / 33 20 46 · **Fax:** 02 28 / 33 27 76

INFO

Linksrheinisch

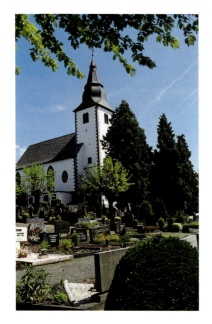

Blick über den Friedhof auf die Pfarrkirche

Villip gebildet – eine Organisation, die die Preußen 1815 mit der Schaffung des Bürgermeisteramtes Villip übernahmen. 1930 schließlich wurde das „Amt Villip in Berkum" ins Leben gerufen, nachdem bereits 1873 in Berkum ein Rathaus errichtet worden war. Diesem Amt gehörten schon fast alle selbstständigen Gemeinden an, die 1969 durch die Gemeindereform zur neuen Gemeinde Wachtberg zusammengefasst wurden.

Auch die Geschichte der weithin über dem Godesberger Tal sichtbaren Pfarrkirche St. Simon und St. Judas reicht lange zurück – dies lässt sich an der Architektur der Bauteile verschiedenster Stilepochen ablesen. Der älteste Teil wird vom spätgotischen Chor mit 3/8-Abschluss aus dem 15. Jahrhundert gebildet. Im Jahre 1713 wurde dem Chor das einschiffige kreuzrippengewölbte Langhaus vorgesetzt. Der Westturm mit der aufgesetzten Schweifhaube kam 1749 hinzu. Die Sakristei war schon 1686 angebaut worden.

Wenn der Betrachter den Innenraum der Pfarrkirche St. Simon und St. Judas betritt, hat er trotz der stilistischen Unterschiedlichkeit der Bauteile keinen uneinheitlichen Eindruck – zur Geschlossenheit des Gesamteindrucks trägt auch die einheitliche, volkstümlich barocke Inneneinrichtung bei. Über dem Kreuzigungs-Mittelbild des geschnitzten Holzaltars befindet sich die Figur des Auferstandenen. Über den Altardurchgängen steht links die Figur des Heiligen Simon mit Buch und Säge, rechts die Figur des Heiligen Judas Thadäus mit Buch und Kelch. Der linke Seitenaltar stellt den Heiligen Sebastian mit dem Heiligen Rochus darüber dar, der rechte Maria. Auf dem Schalldeckel der Kanzel steht Johannes der Täufer, am Korb findet man die Figuren der vier Evangelisten. Auch die weiteren Figuren der Kirchenausstattung sind im schlichten Barock gehalten, so die Wandfigur der Heiligen Cäcilia und gegenüber an der Wand die der Heiligen Barbara. Beachtenswert sind auch noch die geschnitzten Beichtstühle mit den Figuren der heiligen Magdalena und Petrus.

Neben der Kirche steht das getünchte Pfarrhaus, ein zweigeschossiger Rokokobau aus dem Jahre 1751 mit Mittelgiebel und abgewalmtem Mansarddach. Das Pfarrhaus wurde von den Herren der Gudenau errichtet.

Der Taufstein der Pfarrkirche

St. Simon und St. Judas

Blick in den Chor der Pfarrkirche St. Simon und St. Judas

Außenansicht von Chor und Turm der Pfarrkirche St. Walburga

St. Walburga

Katholische Pfarrkirche in Walberberg

An der Stelle, an der die heutige katholische Pfarrkirche St. Walburga steht, hatte bereits seit dem 8. Jahrhundert eine dem Heiligen Jodokus geweihte Kapelle ihren Standort. Es handelte sich um eine schlichte Saalkirche, deren noch erhaltene Fundamente auf Ausmaße von annähernd sieben mal über zehn Metern schließen lassen. Im 9. Jahrhundert wurde diese Saalkirche um ein rechteckiges Altarhaus erweitert.

Im 11. Jahrhundert trug man diese Saalkirche bis auf ihre Fundamente ab. Eine nicht näher bekannte Gräfin Alvardis soll dann an gleicher Stelle eine neue Saalkirche mit eingerücktem Chorbau, runder Apsis und zwei querschiffartigen Seitenanbauten mit je einer kleinen runden Apsis errichtet haben. Immerhin hatte dieser Bau bereits eine Länge von zwanzig Metern. Dieses Gotteshaus diente der Unterbringung der Reliquien der Heiligen Walburga, die der Kölner Erzbischof Anno (1056-75) aus Eichstätt erworben hatte und nunmehr nach Walberberg verbrachte – der Ort um die Kirche hatte inzwischen den Namen der Heiligen angenommen.

Im Jahr 1197 gründete Erzbischof Adolf (1193-1205) in Walberberg ein Zisterzienserinnenkloster, dem die Pfarrkirche St. Walburga inkorporiert wurde. Damit erfolgten nach zweihundert Jahren, in denen die Saalkirche unverändert geblieben war, wieder Bauarbeiten an St. Walburga. Um 1200 wurde die zweigeschossige Jodokuskapelle im Anschluss an das südliche Seitenschiff angebaut. Ihr kreuzrippengewölbtes Untergeschoss war ursprünglich in voller Breite zum alten Chor der Kirche hin geöffnet, das Obergeschoss durch Sehschlitz und Tür mit dem Altarraum verbunden. Im Zuge der wachsenden Bedeutung des Nonnenklosters wuchs der Raum-

Darstellung der Schlange im Apfelbaum

> **Ehemaliges Zisterzienserinnenkloster St. Walburga**
>
> **INFO**
>
> Walburgisstraße
> **Kath. Pfarramt:** Walburgisstraße 26, 53332 Bornheim-Walberberg
> **Tel.:** 0 22 27 / 33 37 · **Fax:** 0 22 27 / 83 02 18
> **Öffnungszeiten:** für Besucher von 8.00 bis ca. 19.00 Uhr außerhalb der Gottesdienstzeiten (Di 18.30 Uhr, Sa 18.45 Uhr, So 10.30 Uhr) sowie außerhalb von Trauungen, Taufen etc.
> **Führungen:** Nach Absprache mit Pater Bertram, Tel. Kath. Pfarramt s.o.
> **Literatur:** · Leo Schaefer: Neue Forschungen zur Kirche von Walberberg, Festschrift anlässlich der weitgehenden Wiederherstellung der Pfarrkirche St. Walburga in Walberberg nach siebenjähriger Restaurierung 1981–1988, Jahrbuch der Rheinischen Denkmalpflege 30/31, 1985

bedarf an die Kirche. Sie wurde daher ab 1220 nach Westen um die sogenannte Nonnenempore erweitert. Nord- und Südwand erhöhte man um drei Meter und baute größere, höher gelegene Fenster ein. Zehn Jahre später wurde die alte Apsis abgetragen, um durch einen verlängerten Chorbereich ersetzt zu werden, der die ganze Breite des Langhauses einnimmt und mit einer halbrunden Apsis abschließt.

Ab dem 13. Jahrhundert begann allerorten in Deutschland der Niedergang des Ordenswesens. Auch das Zisterzienserinnenkloster in Walberberg blieb von dieser Entwicklung nicht verschont – im Jahre 1447 wurde es in ein Zisterziensermännerpriorat umgewandelt und ging dann 1591 in das Jesuitenkolleg in Köln ein. Vorher wurde noch das Kirchenschiff im Westen um drei Meter bis zum heutigen Abschluss verkürzt.

Die Bausubstanz des Kirchengebäudes schien insgesamt allerdings nicht standhaft genug zu sein – jedenfalls stürzten im 17. Jahrhundert der östliche Teil der nördlichen Mittelschiffwand und die angrenzende Chorwand ein, Chorbogen und -gewölbe wurden mitgerissen. Die eingebrochenen Wände wurden neu aufgerichtet, und man zog ein Tonnengewölbe ein. Die Jesuiten errichteten dann einen über fünfzig Meter hohen, verschieferten hölzernen Chorturm, der den vormaligen, der Zisterzienserarchitektur entsprechenden kleinen Dachreiter ersetzte.

Statue der Heiligen Walburga an der Kirchenaußenwand

Mitte des 19. Jahrhunderts erfolgte eine Gesamtrenovierung von St. Walburga ganz im zeitgemäßen romanisierenden Stil. Die Seitenschiffe erhielten dabei ihre heutige Form. Außerdem veränderte man die Fensterfronten in der Jodokuskapelle und im Chorbereich und man verschönerte Gesimse und Konsolen unter den Dachansätzen.

Die Klostergebäude wurden offensichtlich schon im Dreißigjährigen Krieg zerstört. In der erhaltenen Klostermauer kann man noch die Verwendung von Bruchsteinen aus der römischen Wasserleitung nach Köln erkennen.

Am 17. Oktober 1944 ließ ein Fliegerangriff von St. Walburga nur noch eine Ruine übrig. Mit der Nachkriegsrenovierung wurden Gesimse und Konsolen entfernt, die Apsisfenster auf ihre ursprüngliche Form zurückgebracht und ein Betonturm anstelle des abgebrannten Holzturms errichtet. Dieser musste allerdings aus statischen Gründen 1962 abgebrochen werden und wurde durch einen nördlich des Altarraums platzierten, neuen Turm mit achteckiger Pyramidenspitze ersetzt.

Die grundlegende Renovierung von St. Walburga in den Jahren 1981 bis 1989 brachte Aufschluss über die Baugeschichte einschließlich der Vorgängerkirchen. Die Statik wurde nachhaltig verbessert und es wurden eine Reihe von Umbauten vorgenommen. Dazu zählt unter anderem, dass man die zugemauerten Fenster im Hauptschiff und im Altar-

St. Walburga

raum wieder öffnete, dass die Jodokuskapelle mit einem Giebel versehen wurde und dass nicht zuletzt das Mittelschiff ein neues Dach erhielt, das man mit einem Holztonnengewölbe versah.

Im Inneren ist der pokalförmige Taufstein aus dem 13. Jahrhundert, der auf sechs schlanken Säulen ruht, sehenswert. Im südlichen Seitenschiff ist der obere Teil des Grabsteins der seligen Margarethe, einer Klosteräbtissin aus dem 13. Jahrhundert, eingemauert. Die Kirche verfügt darüber hinaus über ein hölzernes Kruzifix auf erneuertem Kreuz, eine wertvolle Arbeit aus der Zeit um 1400, sowie über vier spätgotische Holzskulpturen und eine Standfigur der Heiligen Walburga in der Jodokuskapelle aus der Zeit um 1700.

Skulpturenschmuck im Kircheninneren

Der General-Anzeiger berichtet über Sankt Walburga:

Die Pfarrgemeinde St. Walburga in Walberberg organisiert Pilgerfahrten, Kultur- und Bildungsreisen nach Eichstätt zum Grab der Heiligen Walburga. Die mehrtägigen Touren führen nach Eichstädt und zum Altmühltal, zudem wird ein Ausflug nach Regensburg und zu den Benediktinerabteien Weltenburg am Donaudurchbruch und Rohr angeboten. Außerdem führt die Pilgerfahrt nach Heidenheim, der Wirkungsstätte Walburgas, und Monheim, ihrer ersten Verehrungsstätte. Besichtigt werden das Zisterzienserkloster Bronnbach, die Stuppacher Madonna von Grünwald, ein Riemenschneider-Altar in Creglingen und Dinkelsbühl. Anfragen beim Pfarrbüro.

Kloster Walberberg

Kloster Walberberg

Ein Zentrum des Dominikanerordens

Den Kern des Baukomplexes des Dominikanerklosters St. Albert bildet die alte Rheindorfer Burg in Walberberg hier auf halber Strecke zwischen Köln und Bonn. Es handelt sich um ein altes kurkölnisches Lehen am Nordwestrand des Ortes. Die Anlage ist eine ehemalige hangseitig durch einen Bergfried gesicherte quadratische Wasserburg, die 1247 erstmals als Sitz eines edlen Herren von Rhindorp urkundlich Erwähnung fand. Sie besteht aus einer dreiflügeligen Vorburg und einem Burghaus mit Innenhof und kleinem Brunnen in der Mitte. Rückseitig erhebt sich mittig ein viergeschossiger Rundturm mit zweistöckigem, achteckigem schieferverkleidetem Aufsatz, gekrönt von einer geschweiften Haube mit kleinem turmartigem Aufsatz.

Wenn auch die Gründung des Dominikanerordens auf das 13. Jahrhundert zurückgeht, so haben sich die Dominikaner erst 1926 in Walberberg niedergelassen.

Dominikus Guzmán, geboren um 1170 im kastilischen Caleruega, gestorben am 6. August 1221 in Bologna, gründete 1215 in Toulouse eine Genossenschaft von Priestern, die sich in Armut ganz der Rückgewinnung von Kirchenabweichlern in dieser so schwierigen, hochmittelalterlichen Umbruchszeit widmete. Schon 1216 entstand aus dieser Predigervereinigung der sich rasch ausbreitende „Bettelorden" der Dominikaner. Durch den neuen Weg seines Ordens, der die Lehre und die Gnadenmittel der Kirche in Armut unter die Menschen brachte, wurde Dominikus ein fruchtbarer Erneuerer der katholischen Kirche, die sich angesichts veränderter gesellschaftlicher und wirtschaftlicher Verhältnisse immer weiter vom Volk entfernt hatte. Angeprangert wurden die erstarrten Strukturen und die Hierarchie der Kirche, der Reichtum von Bischöfen und Prälaten, die Verinnerlichung wie gleichermaßen die Ausschweifungen mönchischen Lebens. Es war die Zeit der „Ketzer", ein Begriff, der sich von der Sekte der Katharer ableitet, die ihre größte Verbreitung im 12. und 13. Jahrhundert vor allem in Südeuropa fand, und die das Böse dieser Welt durch strenge Askese zu überwinden suchte – und damit in Konflikt zum traditionellen Klerus geriet.

Kloster Walberberg

Rheindorfer Burgweg
Information: Tagungsstätte Walberberg im Dominikanerkloster St. Albert, Rheindorfer Burgweg 39, 53332 Bornheim-Walberberg
Tel.: 0 22 27 / 85 - 0 · **Fax:** 0 22 27 / 85 - 222
E-Mail-Anfragen an: Suprior Bernhard Venzke: bernhardvenske@net-cologna.de
Internet: www.Tagungsstaette-Walberberg.de
Öffnungszeiten: Tagsüber
Führungen: Nach Anfrage beim Suprior
Literatur: · Dominikanerkonvent St. Albert Walberberg (fotokopiert, zu beziehen über den Konvent)

Linksrheinisch

Portal der Klosterkirche Walberberg

Ziel der Dominikaner war es, nicht in klösterlicher Abgeschiedenheit dem religiösen Leben nachzugehen, sondern die Menschen in ihrem unmittelbaren Lebensumfeld direkt anzusprechen. Dafür mussten die Mitglieder dieses „Ordens der Predigerbrüder" Antworten auf die aktuellen Fragen der Zeit bereit halten, insofern war ihnen die Wissenschaft wie gleichermaßen die gründliche Ausbildung der Dominikanermönche wichtig. So kamen noch zu Lebzeiten von Dominikus die ersten Dominikaner auch nach Köln, wo sie in der Stolkgasse ihr Dominikanerkloster aufbauten. Ihr bedeutendster Vertreter in Köln war Albertus Magnus, der an der Kölner Universität das *studium generale* einführte – zu seinen Schülern zählte auch Thomas von Aquin.

Nach einer Periode des Niedergangs des Dominikanerordens seit dem 16. Jahrhundert brachte die napoleonische Säkularisation auch für diesen Orden das Ende. Doch noch im 19. Jahrhundert kamen im Rahmen der klösterlichen Erneuerungsbewegungen Dominikanermönche wieder nach Köln. Sie wollten das *studium generale* erneut einrichten. Realisieren ließ sich dieses Vorhaben jedoch erst nach dem Ersten Weltkrieg in dem Gebäudekomplex der Rheindorfer Burg in Walberberg, in den die Dominikaner 1926 einzogen.

Im Jahre 1938 wurde im Kloster Walberberg das „Institut für kirchliche Sprechererziehung" gegründet, das zunächst junge Dominikaner auf ihre zukünftige Arbeit vorbereiten sollte. Im zweiten Weltkrieg wurde die klösterliche Arbeit zunächst unterbrochen. Das Kloster diente als Lazarett und wurde dann von den Nazis geschlossen.

Nach dem Zweiten Weltkrieg nahm Kloster Walberberg die christlich-soziale Erwachsenenbildung auf breiter Basis auf. Mit dem 1954 gegründeten „Walberberger Institut" betreibt das Kloster christlich-soziale Bildungsarbeit, die weit über das Reinland hinaus Anerkennung gefunden hat und mit der sie alle interessierten Bevölkerungskreise anspricht. Erweiterungs- und Umbauten am Klosterkomplex waren daher erforderlich, um den gewachsenen Anforderungen gerecht zu werden.

Die Klosterkirche ist durch eine in den Jahren 1967/68 erfolgte Umgestaltung ebenfalls den neuen Anforderungen angepasst worden. Altar und Gemeinderaum wurden zusammengeführt, so dass die Gläubigen am Chorgebet teilhaben können. Zu den wertvollen Inneneinrichtungen zählen das Altarkreuz aus dem 14. Jahrhundert und die Madonna am Eingang in der Marienkapelle, eine südtiroler Schnitzarbeit aus dem 17. Jahrhundert.

Kloster Walberberg

Die Glasfenster der Klosterkirche

Das Innere der Klosterkirche

Das Lichtspiel in der Versöhnungskapelle

Versöhnungskapelle

der Evangelischen Jugendbildungsstätte in Rheinbach-Merzbach

Nicht ohne Grund hat das Gotteshaus der Evangelischen Jugendbildungsstätte in Merzbach den Namen *Versöhnungskapelle* erhalten. Im Jahr der Einweihung der Kapelle konnte nämlich Synodaljugendpfarrer Gisbert Hatscher den von ihm lange geplanten und vorbereiteten Jugendaustausch des von ihm betreuten Kirchenkreises mit Israel aufnehmen. Er hat diese Jugendarbeit immer als Versöhnungsarbeit aufgefasst. Und schon die erste Gruppe Jugendlicher aus Israel, die im Rahmen dieses Austauschprogrammes nach Deutschland kam, konnte in der Jugendbildungsstätte Merzbach Quartier beziehen. Der biblische Bezug zu seiner Versöhnungsarbeit findet sich im 2. Korintherbrief, wo es heißt: „Lasst Euch versöhnen mit Gott". Dieser Schriftzug ist auf der Kapellenmauer mit Messingbuchstaben festgehalten worden.

Die Versöhnungskapelle ist integraler Bestandteil der Jugendbildungsstätte Merzbach, die am Ortsrand frei in die hügelige Voreifellandschaft eingebettet ist. Ihr Architekt, Nikolaus Simon aus Vinxel, hat den Baukomplex als offene Dreiflügelanlage konzipiert, deren Hof gärtnerisch mit Wegen, Beeten und Wasseranlagen gestaltet ist. Die zweigeschossigen Backsteingebäude sind mit Pultdächern eingedeckt und zur Hofseite hin großzügig verglast. Im Außenbereich dominieren die Backsteinwände – sie demonstrieren geradezu ihre Schutzwirkung gegenüber der Außenwelt – ein konzeptionelles Motiv, dass sich in der Architektur der Kapelle wiederholt.

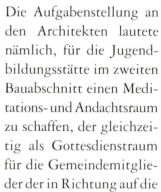

Das Kreuz auf der Kapelle

Die Aufgabenstellung an den Architekten lautete nämlich, für die Jugendbildungsstätte im zweiten Bauabschnitt einen Meditations- und Andachtsraum zu schaffen, der gleichzeitig als Gottesdienstraum für die Gemeindemitglieder der in Richtung auf die Eifel liegenden „Höhendörfer" Rheinbachs dient. Die Kapelle soll dabei Einzelnen wie auch kleinen Gruppen Geborgenheit und Besinnung vermitteln, und sie soll die Hofanlage der Jugendbildungsstätte ganzheit-

Versöhnungskapelle Merzbach

Weidenstraße
Information: Evangelisches Jugendpfarramt des Kirchenkreises Bad Godesberg – Voreifel, Hauptstraße 107, 53340 Meckenheim
Tel.: 0 22 25 / 94 80 47 · **Fax:** 0 22 25 / 94 80 48
E-Mail: ev.jugend@t-online.de · **Internet:** www.ekir.de/merzbach
Öffnungszeiten: auf Anfrage im Jugendpfarramt
Führungen: auf Anfrage durch Kreisjugendpfarrer Gisbert Hatscher

Linksrheinisch

Gesamtansicht der Versöhnungskapelle

lich vervollständigen. Für die Umsetzung der Anforderungen an die Kapellenkonzeption griff der Architekt auf mittelalterliche Bautraditionen zurück. Dies betrifft zum einen den Standort der Kapelle, abgehoben von der Hofanlage unter Nutzung der Geländestruktur als solitärer Zentralbau. Des weiteren zählt dazu der oktogonale Grundriss der Kapelle – entsprechende Konstrukte weisen die Pfalzkapelle in Aachen und St. Gereon in Köln auf. Nicht zuletzt sei in diesem Zusammenhang auch auf die Verwendung von Treppengiebeln verwiesen.

Um die Einheitlichkeit des gesamten Baukomplexes der Jugendfreizeitstätte zu gewährleisten, kamen für die Kapelle als Baumaterial nur Ziegelsteine in Betracht. Auch im Inneren prägen die unverputzten Ziegelwände den räumlichen Eindruck.

Beim Betreten der Kapelle kommt man zunächst in einen Vorraum, der sich aus der frei in das Achteck des Kircheninneren gestellten rückwärtigen Altarwand ergibt. Hier sind rechts und links die Funktionsräume wie Garderobe, Sakristei etc. untergebracht. Beidseitige Durchgänge geben den eigentlichen Kapellenraum frei. Der Wandaufbau ist im unteren Bereich fensterlos – lediglich in den der Altarwand schräg gegenüber liegenden Oktogonalseiten sind Aussparungen durch Vorversetzung der Wandelemente vorgenommen worden. Die beiden Wandaussparungen werden durch Glasbänder gefüllt, die mit ihrem indirekten Licht die rote Ziegelwär-

Die Inschrift neben der Kapellentür

Versöhnungskapelle

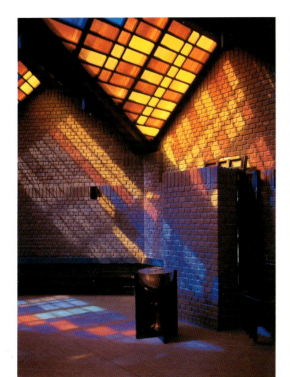
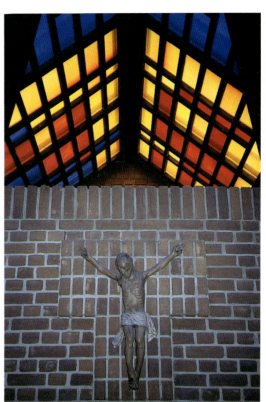

Altarbereich und Christusfigur über dem Altar

me des Innenraums auch über dem Backsteinboden widerspiegeln.

Auf das Ziegelsichtmauerwerk des unteren Wandaufbaus der Kapelle ist ein Faltdach aus Glas aufgesetzt. Die inneren Felder des achtteiligen Faltwerks sind mit farbigem Gussglas, die äußeren Felder mit Sicherheitsglas ausgefacht. Die Strahlenform des Faltdaches reflektiert vielfach im Verlegemuster des Ziegelbodens – ein außergewöhnlich intimer Raumeffekt, der nicht durch direktes Licht gestört wird. Hiermit wird auch das mittelalterliche Motiv der Kapelle als Raum der inneren Geborgenheit aufgegriffen.

Die Einheitlichkeit des Ziegelsichtmauerwerks wird in der Kapelle nur an der in den Innenraum gerichteten Altarwand durch ein erhabenes Kreuz unterbrochen. An dieser prägnanten Stelle ist die Christusfigur eines spätmittelalterlichen Kruzifixes aufgebracht. Es handelt sich um eine Birnbaumholzfigur aus Niederbayern, die um 1530 geschnitzt worden ist. Auch das „Holz-Motiv" wiederholt sich an weiteren Stellen in der Kapelle – der Altar, das Ambo (das Lesepult des Pfarrers) sowie der Ständer des Taufbeckens sind ebenfalls in Holz gehalten. Das Motiv setzt sich dann im Material der konzentrisch im Kapellenraum angeordneten Bestuhlung und in der Truhenorgel fort.

Für den Architekten Nikolaus Simon war ganz wichtig, das Licht in der Kapelle als Andachtsraum mit seiner nach innen versetzten Außenschale und dem Altartisch in der Mitte des Achtecks „als ältestes Symbol Gottes ohne Schatten wirken zu lassen und den materiellen Sinn des Menschen auf das zu lenken, was jenseits der Materie ist".

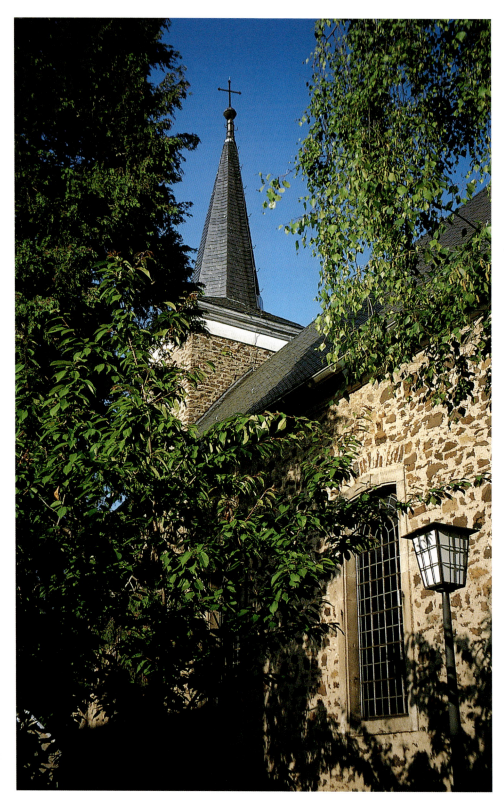

Seitlicher Blick auf die Evangelische Kirche Flamersheim

Evangelische Kirche Flamersheim

Die Evangelische Kirche Flamersheim spiegelt das Leben der Protestanten im "erzkatholischen" Rheinland wider – die Protestanten hatten es bis zur Säkularisation ohnehin hier schwer genug, und nur selten war ihnen die Gelegenheit gegeben, ihren Gottesdiensten ungestört nachgehen zu können. Insofern stellt die kleine evangelische Gemeinde in Flamersheim eine rühmliche Ausnahme dar, die den evangelischen Christen in der unabhängigen Herrschaft Flamersheim gegeben war.

Die Evangelische Kirche in Flamersheim ist der älteste evangelische Kirchenbau im Bad Godesberger Kirchenkreis. Burgbesitzer in Flamersheim waren im 16. Jahrhundert die Herren von Quadt, die den Evangelischen die ersten Predigtmöglichkeiten einräumten. Doch ab Ende des 16. Jahrhunderts mit der Konversion des jülich-bergischen Grafen Wolfgang Wilhelm zum katholischen Glauben wurde ihre Bewegungsfreiheit eingeschränkt und im Zuge der Gegenreformation während des Dreißigjährigen Krieges ihre Glaubensausübung sogar unterdrückt. Zwar gestattete der jülich-klevische Religionsvergleich von 1672 Flamersheim ausdrücklich den evangelischen Gottesdienst, doch war es mit dem Pfälzischen Erbfolgekrieg 1688–97 wieder

Portal mit der Inschrift: „Ein feste Burg ist unser Gott"

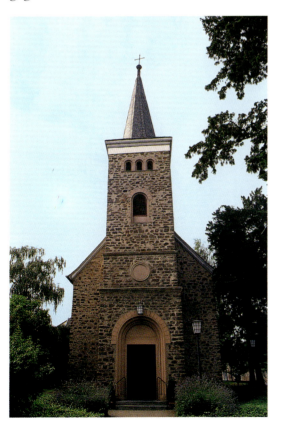

Links: Blick auf die Eingangsfront

> **Evangelische Kirche Flamersheim**
>
> Pützgasse
> **Information:** Gemeindebüro, 53881 Euskirchen-Flamersheim, Pützgasse 7
> **Tel.:** 0 22 55 / 12 15 · **Fax:** 0 22 55 / 95 09 98
> **E-Mail:** evkgm.flamersheim@t-online
> **Öffnungszeiten:** Schlüssel zur Kirche im Pfarramt während der Bürostunden (mo 14.00 bis 15.30 Uhr, di 9.00 bis 11.00 Uhr, mi 9.00 bis 11.00 Uhr, do 8.00 bis 10.30 Uhr) erhältlich

Linksrheinisch

Blick auf den Altar

Kilogramm Bronze für die noch fehlenden Glocken, die am 23. März 1880 erstmals läuten konnten. Heute hat die Gemeinde Flamersheim an die 3000 evangelische Kirchenmitglieder.

Die Evangelische Kirche Flamersheim ist eine nach Süden gerichtete Saalkirche mit rechteckigem Chorabschluss. Das Satteldach des Langhauses ist mit Schiefer eingedeckt. Drei hohe Fenster auf der Westseite und zwei auf der Ostseite erhellen das Kirchenschiff. Anstelle des dritten Fensters wurde ein Durchbruch zum neu errichteten Gemeindezentrum geschaffen. Der viergeschossige, durch Gesimse gegliederte, hundert Jahre später errichtete Turm erhebt sich über dem Portal an der Nordseite. Er ist geschickt der Bauweise des bestehenden Langhauses angepasst. Sein drittes und viertes Geschoss haben an der Nord- und Ostseite Rundbogenöffnungen bzw. Drillingsarkaden als Schallöffnungen.

Wenn man die Kirche durch das Nordportal betritt, gelangt man mit der Freiheit vorbei. Immerhin gab es aber an der Wende zum 18. Jahrhundert im kleinen Ort Flamersheim an die siebzig Evangelische.

1759 konnte mit dem Bau der evangelischen Kirche in Flamersheim begonnen werden, wenn auch die Obrigkeit noch keinen Turm zuließ. Bis 1775 arbeitete der Rheinbacher Maurer Caspar Lirck an der Fertigstellung der ganz in Sichtbruchstein errichteten Kirche. Der Turm entstand erst 1879–80. Kaiser Wilhelm I. stiftete 300 durch die Turmhalle in das schwach eingewölbte Langhaus. Die Orgelempore wird von zwei steinernen Säulen mit Akanthuskapitellen von der Burg Flamersheim getragen. Im fensterlosen Chor steht die farbig gefasste Barockkanzel.

Die Evangelische Kirche Flamersheim dient heute auch der Ungarischen Evangelisch-Reformierten wie auch der Ungarischen Lutherischen Kirchengemeinde im Rheinland und in Westfalen als Gebetshaus. Die Ungarn halten hier mehrmals im

Evangelische Kirche Flamersheim

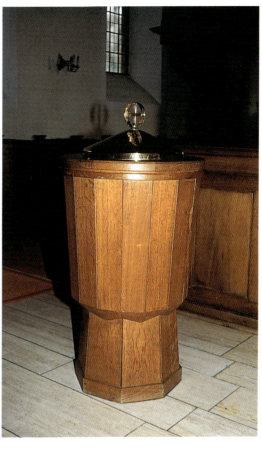

Links: Die Kanzel der Kirche

Rechts: Taufstein

Jahr Gottesdienste ab. Insgesamt leben zur Zeit in der Bundesrepublik über 100.000 Ungarn, von denen etwa ein Viertel evangelische Christen sind. Nach dem 2. Weltkrieg sind viele ungarische Soldaten und Offiziere in den Westen geflüchtet, wobei das Rheinland auf Grund traditioneller Beziehungen auf sie besondere Anziehungskraft ausübte. Eine zweite Flüchtlingswelle aus Ungarn wurde durch die Niederschlagung des '56er Aufstandes ausgelöst. Am 28. November 1956 kamen die ersten Flüchtlinge am Kölner Hauptbahnhof an – der Flüchtlingsstrom hielt auch in den nächsten Jahren noch an, ebbte dann aber wieder ab. Gerne wurden die evangelischen Ungarn von den protestantischen Gemeinden in Deutschland aufgenommen, und eine ihrer Anlaufstellen im Rheinland wurde die Evangelische Gemeinde in Flamersheim.

Die Orgel auf der Kirchenempore

Westwerk der Stifts-
kirche Bad Münstereifel

St. Chrysanthus und Daria

Benediktiner-Stiftskirche in Bad Münstereifel

Weit reichte der Arm der Kölner Kurfürsten in die Eifel hinein. Doch die Jülicher Grafen lagen im Streit mit den Kölnern um die Vorherrschaft am Niederrhein – hier unterlagen die Kurfürsten Mitte des 13. Jahrhunderts.

Bertrada, die Ehefrau des fränkischen Königs Pippin und Mutter Karls des Großen, hatte um 760 das Gebiet an der oberen Erft als Lehen an die Abtei Prüm gegeben. Als Filiale dieser Abtei gründete ihr dritter Abt Marquardt zur Erschließung dieses nordöstlichen Eifelgebietes ein neues Benediktinerkloster, das er „Novum Monasterium" nannte. Im 12. Jahrhundert wurde dieses Kloster in ein Kollegialstift umgewandelt.

Münstereifel hatte schon früh Stadtrechte erhalten, blieb aber von Prüm abhängig, das die Verwaltung seiner Besitzungen in diesem Teil der Eifel Schutzvögten übertrug. Diese Schutzvögte waren ab 1100 die Grafen von Are, später die Grafen von Are-Hochstaden. Im Zuge der Hochstaden'schen Schenkung, mit der der letzte Graf von Are-Hochstaden seinen Besitz Kurköln überschrieb, kam es zur Auseinandersetzung zwischen den Jülicher Grafen und den Kölner Kurfürsten. Graf Walram von Jülich konnte sich 1265 in Münstereifel durchsetzen und die Stadt seinem Territorium einverleiben. Er war es auch, der mit dem Bau der Befestigungsanlagen von Münstereifel begann, die bis heute weitgehend erhalten geblieben sind. Im übrigen steht in Münstereifel auch das älteste Steinhaus des Rheinlandes, das um 1150 gebaute, sog. Romanische Haus am Klosterplatz, ein ehemaliges Kanonikergebäude.

Im Mittelalter wurde Münstereifel durch die Tuchweberei reich. Die Wollweberzunft der Stadt erhielt im Jahre 1339 sogar ein landesherrliches Privileg. Die Truppen Ludwig XIV. verwüsteten 1689 Münstereifel, doch die Schäden wurden schon bald behoben.

Längst ist Münstereifel zum „Bad" emporgestiegen Das in der Nähe gele-

Patronatsrelief am Hauptportal

**Benediktiner-Stiftskirche
St. Chrysanthus und Daria**

Langenhecke
Kath. Kirchengemeinde St. Chrysanthus und Daria: Langenhecke 3, 53902 Bad Münstereifel
Tel.: 0 22 53 / 18 03 60 · **Fax:** 0 22 53 / 18 03 62
Öffnungszeiten: März bis Oktober von 8.00 bis 19.00 Uhr, November bis Februar 8.00 bis 18.00 Uhr
Führungen: nach Vereinbarung mit dem Pfarrbüro
Literatur: · Joseph-Matthias und Bernhard Ohlert: Die Stiftskirche zu Bad Münstereifel, Kleine Kunstführer Heft 1894, Verlag Schnell&Steiner, Regensburg 1991

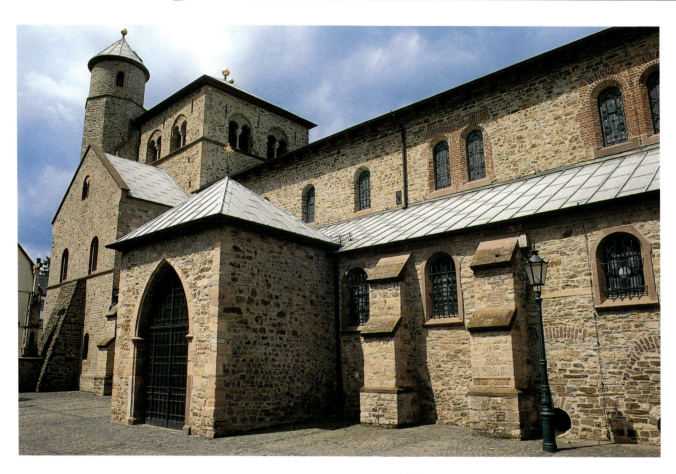

Seitenansicht der Stiftskirche St. Chrysanthus und Daria

Gedenktafel an der Stiftskirche

gene Radioteleskop von Effelsberg verfügt über das größte bewegliche Radioteleskop der Erde.

Das bedeutendste Bauwerk von Bad Münstereifel ist die ehemalige Benediktiner-Stiftskirche St. Chrysanthus und Daria, inzwischen katholische Pfarrkirche der Stadt. Die heutige Kirche – sie hatte einen frühromanischen Vorgängerbau, der um 830 noch vom Abt Marquardt begonnen wurde – entstand im 11. und 12. Jahrhundert. Mächtig erhebt sich ihr Westwerk, das sein architektonisches Vorbild von St. Panthaleon in Köln nicht verleugnen kann. Es wird von einem quadratischen Mittelturm beherrscht, dem außen zwei kontrastierende Treppentürme vorgesetzt wurden. Drei-

St. Chrysanthus und Daria

Gedenktafel an der Stiftskirche

schiffig ist das querschifflose Langhaus, das noch im 12. Jahrhundert eingewölbt wurde und dessen Hauptschiff fast ohne Abgrenzung in den Langchor übergeht. Unter dem Chor befindet sich als ältestem Teil der Kirche die fünfschiffige Krypta, die von einem Tonnengewölbe getragen wird. Hier in der Krypta steht auch der Schrein der Heiligen Chrysanthus und Daria, deren Gebeine die Stiftskirche im Jahre 884 erhalten hatte.

Die Architektur der Kirche richtet sich – wie ihr Vorbild St. Panthaleon – ganz am kaiserlichen Machtanspruch aus, der im mächtigen Westwerk versinnbildlicht wird. Der Kaiser, der seinen Machtanspruch auch sakral begründete, hatte keinen festen Regierungssitz, sondern reiste von Pfalz zu Pfalz, wobei er auf seinen Reisen auch die von ihm bevorzugten Gotteshäuser aufsuchte. Hier in Münstereifel fand er ein Gotteshaus vor, das ihm demonstrierte, wie seine weltliche Macht auch im Sakralbau zum Ausdruck gebracht wurde und die Reichsidee von der Vereinigung weltlicher und kirchlicher Herrschaft verkörperte.

Im Langhaus sind über den Seitenschiffarkaden vier Epitaphe aus dem 16. und 17. Jahrhundert angebracht. Im Hochchor steht ein um 1480 entstandenes Sakramentshaus. Besonders wertvoll ist das Tryptichon mit den Themen der Beweinung Christi und der Darstellung der Heiligen Chrysanthus und Daria, eine Arbeit Kölner Künstler, die um 1470 entstand. Eine hölzerne Standfigur der Muttergottes aus der Zeit Ende des 14. Jahrhunderts stand früher auf dem Marienaltar der Krypta. Wertvoll ist auch ein Vesperbild aus der Mitte des 14. Jahrhunderts. Betritt man die Krypta, so fällt der Blick des Betrachters unmittelbar auf das Hochgrab des Grafen Gottfried von Bergheim, der um 1335 verstarb. Besonders hingewiesen sei noch auf die modernen Fenstermalereien in der

Eines der neuen Fenster aus den 60er Jahren des 20. Jahrhunderts

Bonner Umland

Oben links: Blick in den Kirchenraum zum Chor

Oben rechts: Taufstein

Unten links: Portal unter dem Vorbau

Unten rechts: Säulenfresko

Kirche – im Zuge der Restaurierung der gefährdeten Kirche in den Jahren 1957–70 mussten auch die Fenster erneuert werden. Die Motiventwürfe stammen vom Kölner Künstler Franz Pauli, die Ausführung erfolgte durch die Glasmalerei Oidtmann in Linnich. Die Fenster fügen sich bei aller Modernität in einmaliger Weise in die romanische Architektur der Kirche ein und bringen Farbe in den ansonsten „eintönig" gehaltenen Kirchenraum.

St. Chrysanthus und Daria

Figuren- und Reliefschmuck aus der Stiftskirche St. Chrysanthus und Daria

Der Baukörper der Pfarrkirche St. Peter

St. Peter

katholische Pfarrkirche in Sinzig

Das Tal der Ahr öffnet sich unterhalb von Bad Neuenahr und mündet zwischen Remagen und Sinzig in das Rheintal ein. Hier in der fruchtbaren, sogenannten „Goldenen Meile" siedelten schon die Kelten, hier errichteten die Römer eine Siedlung namens *Sentiacum*, die in fränkischer Zeit zu einer Königspfalz ausgebaut wurde. Diesen Teil des Mittelrheingrabens beherrschten schon früh die Kölner Kurfürsten – entsprechend dominierte hier der kölnisch-niederrheinische Kunstkreis. An den Kirchen von Sinzig, Heimersheim und Ahrweiler lässt sich die Weiterentwicklung der rheinischen Kirchenarchitektur von der späten Romanik bis zur frühen Gotik beispielhaft ablesen.

Die Pfarrkirche St. Peter von Sinzig entstand als spätromanische dreischiffige Emporenbasilika auf einer Anhöhe oberhalb des Ahrtals etwa zwischen den Jahren 1220 und 1240. Ihre lebhafte hell ockergelbe Bemalung der Lisenen und Gesimse, die sich kontrastreich von dem weißen Wandputz abhebt, lässt sie schon von Weitem leuchten. Ihre Fassade ist insbesondere im Bereich des Chors und der Apsis mit Blenden, Nischen, Rundbogenfriesen und Fenstern reich gegliedert. Über der Vierung erhebt sich der achteckige Turm der Kirche.

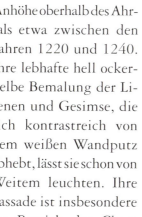

Gleichermaßen lebhaft erfährt der Besucher das Innere der Pfarrkirche St. Peter. Die Wirkung des Kirchenraums geht von seiner starken Gliederung aus. Die Emporen des Langhauses sind im Querschiff und im Chor als Laufgang weitergeführt. Die Fresken des 13. Jahrhunderts konnten 1964 in ihrer kräftigen Farbgestaltung im Chorraum wieder hergestellt werden. Hier steht auch der Flügelaltar aus dem späten 15. Jahrhundert mit Darstellungen der Kreuzigung und Himmelfahrt Christi und Mariens Tod.

Links: Blick auf die Portalseite von St. Peter

Rechts: Ecce-Homo-Bildnis im nördlichen Querschiff

Pfarrkirche St. Peter

Kirchplatz
Kath. Pfarramt: Zehnthofstraße 11, 53489 Sinzig
Tel.: 0 26 42 / 97 71 - 0 · **Fax:** 0 26 42 / 97 71 - 22
E-Mail: St.Peter-Sinzig@t-online.de
Öffnungszeiten: tagsüber
Führungen: Veranstaltet durch Dr. Stefan Pauli auf Anfrage, Tel. 0 26 42 / 4 21 15
Veranstaltungen: Orgelsommer Ende August, freitags 20.00 Uhr
Literatur: • Peter P. Pauly: St. Peter Sinzig/Rhein, Schnell Kunstführer Nr. 1310, Verlag Schnell & Steiner, München/Zürich 1981

Bonner Umland

Der Petrus-Altar im Chor

Eine besondere „Attraktion" der Pfarrkirche St. Peter ist ihr Heiliger Vogt, eine mumifizierte Leiche, die erstmals aus dem Jahr 1736 bezeugt ist – man nimmt an, dass es sich bei dem Leichnam um einen Vogt von Sinzig gehandelt hat. Man fand die Mumie damals bei Friedhofsarbeiten. Mit dieser Leiche wurde wohl allerhand Unfug betrieben, und man führte sie später auch im Karnevalsumzug mit. Doch dies war der Fürstäbtissin Kunigunde aus Essen zu viel des Guten. Sie sorgte dafür, dass die Leiche bekleidet wurde und ließ sie in einen Glassarg legen. Hierhin pilgerte nunmehr die neugierige Stadtbevölkerung. Deshalb war die Empörung auch groß, als napoleonische Truppen die kuriose Mumie nach Paris abtransportierten. Doch 1815 kam der „Heilige Vogt" wieder nach Sinzig zurück. Heute ruht der „Heilige Vogt" in einem Glassarg, mit einem Lendentuch bekleidet, in der rechten Seitenkapelle neben dem Chor in der Pfarrkirche St. Peter.

Die mumifizierte Leiche des „Heiligen Vogts" in der Chorseitenkapelle

St. Peter

Oben links: Gotische Pietà

Oben Mitte: Thronende Muttergottes

Oben rechts: Figurenkopf der Grablegungsgruppe „Heiliges Grab"

Unten: Das um 1500 entstandene „Heilige Grab"

Gesamtsicht von St. Laurentius

St. Laurentius

Katholische Pfarrkirche in Ahrweiler

Der Ort Ahrweiler wird erstmals im Jahre 893 im Urbar, dem Güterverzeichnis der Abtei Prüm erwähnt. Die Abtei Prüm belehnte um 1100 die Grafen von Are mit den Vogtsrechten von Ahrweiler. Die Stadt musste viel unter den mittelalterlichen Fehden im Umfeld des Kurfürstentums Köln leiden, bis Friedrich von Are-Hochstaden die Grafschaft Ahrweiler an seinen Bruder und Kölner Erzbischof Konrad von Hochstaden vererbte, der dabei 1248 die Stadtrechte von Ahrweiler bestätigte. Ab Mitte des 13. Jahrhunderts begann der Bau der Stadtmauer von Ahrweiler, 1269 wurde der Grundstein der Laurentiuskirche gelegt, dreißig Jahre später war sie im wesentlichen fertiggestellt.

Als Schutzpatron der Pfarrkirche von Ahrweiler erwählten die Erbauer den Heiligen Laurentius, einen Schüler von Papst Sixtus II., der am 6.8.258 den Märtyrertod starb. Laurentius gelang es, den Kirchenschatz vor dem Zugriff durch die römischen Häscher zu retten. Umso grausamer war sein Tod – man verbrannte ihn bei lebendigem Leib.

St. Laurentius stellt eine kirchenarchitektonische Besonderheit im Rheinland dar. Hier wurde bis in das Hochmittelalter hinein die Bauform der Basilika bevorzugt. St. Laurentius ist dagegen eine Hallenkirche, der man durch Einbau von Emporen im Inneren doch den Eindruck einer Basilika vermittelte – hieran erkennt man ganz deutlich die architektonische Anlehnung an das Konstruktionsprinzip der nicht weit entfernten Pfarrkirche St. Peter in Sinzig.

Schlussstein im Gewölbe

Die Ahrweiler Pfarrkirche St. Laurentius erhebt sich genau im Zentrum von Ahrweiler am Marktplatz, wo heute auch das schöne barocke Rathaus der Stadt aus dem 18. Jahrhundert steht. Sie ist als dreischiffige, querschifflose Hallenkirche mit Rundpfeilern angelegt. Diagonal angelegte Seitenchöre geben dem Ost-

Links: Wasserspeier an der Pfarrkirche

INFO

Pfarrkirche St. Laurentius Ahrweiler

Marktplatz
Kath. Pfarramt: Marktplatz 13, 53474 Bad Neuenahr – Ahrweiler
Tel.: 0 26 41 / 3 47 37 · **Fax:** 0 26 41 / 3 71 19
E-Mail: info@laurentius-aw.de · **Internet:** www. laurentius-aw.de
Öffnungszeiten: täglich ab ca. 9.00 Uhr bis 19.15 Uhr geöffnet, montags erst ab Mittag
Führungen: auf Anfrage über den Kur- und Verkehrsverein Bad Neuenahr – Ahrweiler
Literatur: • Josef Mettel: Du wohnst ganz schön hier, lieber Gott – Ein beschaulicher Rundgang und Ein-Blick in die Schätze der St. Laurentiuskirche, Ahrweiler, herausgegeben von der Katholischen Pfarrgemeinde St. Laurentius, Bad Neuenahr – Ahrweiler 2000

Bonner Umland

Links: St. Laurentius vom Marktplatz aus gesehen

Rechts: Moderne Fenster

Taufstein

trakt des Kirchenschiffes ein besonderes Gepräge. Die westlichen Pfeiler und Wandstützen sind stärker ausgelegt, um den Turm zu tragen. Haupt- und Seitenschiffe sind gleich hoch. Vier Joche tragen das Langhaus. Nur das östliche Langhausjoch ist emporenlos, wodurch dem Betrachter ein Querschiff vorgetäuscht wird.

Der gesamte, durch Strebepfeiler gegliederte Kirchenbau ist außen verputzt. Ein Satteldach deckt das Gebäude ein, über den Jochen der Seitenschiffe streben Einzelwalmdächer aus. Über dem Westportal erhebt sich der massive achteckige, von kleinen Dreieckgiebeln gezierte Turm der Kirche. Über dem Mitteldach befindet sich noch als Gegenpol zum Turm ein Dachreiter.

Im Westteil des Kirchenschiffes sind großflächige Freskenreste aus dem 14. und 15. Jahrhundert erhalten, die erst Anfang

St. Laurentius

*Fresko oben links:
Die Taufe Jesu*

*Fresko oben Mitte:
Der Gnadenstuhl*

*Oben rechts:
Gewölbeornamentik*

Hauptschiff mit Blick in die Seitenschiffempore

des 20. Jahrhunderts entdeckt und Ende der 60er Jahre des vorigen Jahrhunderts restauriert wurden. Die alten Kirchenfenster gingen in der napoleonischen Ära verloren oder wurden im Zweiten Weltkrieg vernichtet. Die neuen Fenster entstammen den 50er Jahren des vorigen Jahrhunderts. Von der Innenausstattung sind noch die Altäre aus dem 14., 17. und 18. Jahrhundert zu erwähnen. In der Taufkapelle steht ein spätgotischer Taufstein. Das Orgelgehäuse stammt aus dem Jahr 1726.

Altar im Chor der Pfarrkirche Maria Verkündigung

Maria Verkündigung

katholische Pfarrkirche in Altenahr

Das kleine Städtchen Altenahr liegt an einer der schönsten Stellen des Ahrtals. Hier endet der mit der roten Rebe in weißem Feld markierte Rotweinwanderweg, der unterhalb der Landskrone beginnt, auf dem König Philipp von Schwaben im Jahre 1204 mit dem Bau einer Festungsanlage begonnen hatte, von der heute nur noch Ruinen übrig geblieben sind. Zwischen Ahrweiler und Altenahr hat sich der Fluss tief in die Felsen eingegraben, an deren Hängen sich heute die Weinberge erstrecken.

Am Ausgang des Langfigtals, der urwüchsigsten Flussschleife des Ahrtals mit seinen schon fast senkrecht aufsteigenden Schieferfelsen, erhebt sich heute Burg Are über der Talsohle. Hier in der klimatisch bevorzugten Lage des Ahrtals hatten bereits die Römer gesiedelt, wie beispielsweise die Ruinen der Römischen Villa bei Ahrweiler, die heute als Museum besichtigt werden können, zeigen. Nach dem Niedergang des Römischen Reiches traten die Franken als Nachsiedler der Römer auf. Graf Theoderich I. von Are begann um 1100 mit dem Bau der Burg Are oberhalb von Altenahr auf einem Felssporn über dem Ahrtal. Unterhalb der Burg entstand eine Ansiedlung, die den Grundstock für das heutige Altenahr bildete. Im Zuge der Hochstadischen Schenkung, mit der Friedrich von Are-Hochstaden als letzter

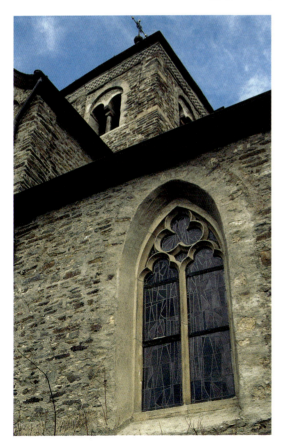

Gotisches Seitenschifffenster in der romanischen Pfarrkirche

Pfarrkirche Maria Verkündigung

Am Markt
Kath. Pfarramt: Markt 3, 53505 Altenahr
Tel.: 0 26 43 / 15 58 · **Fax:** 0 26 43 / 90 00 17
Öffnungszeiten: Wochentags ab 8.30 bis ca. 19.00 Uhr, sonntags bis 20.00 Uhr, im Winter bis 18.30 Uhr
Führungen: Nach Absprache mit dem Kath. Pfarramt
Literatur: · Ignaz Görtz: Pfarrkirche und Pfarrei Altenahr, Rheinischer Verein für Denkmalpflege und Heimatschutz (Hrsg.), Rheinische Kunststätten Heft 4/1967 (vergr.)

Bonner Umland

Gesamtansicht der Pfarrkirche Altenahr

Herrscher der Grafschaft Ahrweiler diese an seinen Bruder und Kölner Erzbischof Konrad von Hochstaden vererbte, kam auch Altenahr 1246 an Köln. Die Burg Are wurde zum Kurkölnischen Amtssitz erkoren und diente zeitweise auch als Gefängnis der Kurkölner. 1689/90 wurde die Burg nach neunmonatiger Belagerung von französischen Truppen eingenommen, der Ort weitgehend zerstört. 1714 schleiften die Kurkölner die Burg, da von hier aus die selbstherrlich gewordene Burgbesatzung raubritterartig die Umgebung kujonierte.

In der Zeit, in der die Burg Are entstand, wurde wohl auch mit dem Bau der Pfarrkirche des Ortes begonnen. Sie ist eine Gründung der Grafen von Are und deren Ministerialen. Eine erste schriftliche Erwähnung findet die Altenahrer Pfarrkirche im Jahre 1166 in einer Urkunde, in der die Grafen Ulrich von Are-Nürburg und Dietrich von Are-Hochstaden das Burgrecht zu Are festlegen. Der Eintrag in dieser Urkunde bezieht sich offensichtlich aber bereits auf den Neubau der Kirche in Form einer dreischiffigen Basilika im zweiten Viertel des 12. Jahrhunderts, der zu Beginn des 14. Jahrhunderts ein gotischer Chor angebaut wurde. Im 16. Jahrhundert erhielt die Kirche südlich des Chors einen Sakristeianbau. Ein Durchbruch zur

Maria Verkündigung

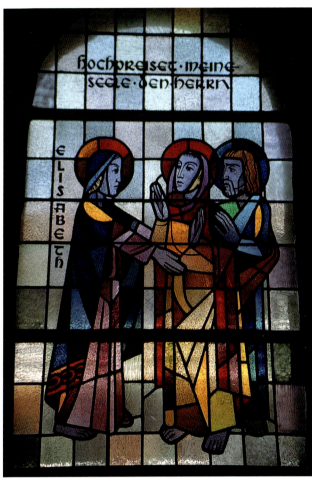

Moderne Glasfenster der Pfarrkirche Altenahr

Kirche ermöglicht seit 1927 den direkten Zugang zu dieser Sakristei, die seither als Gefallenenkapelle genutzt wird.

Die Bausubstanz der im Kern spätromanischen Altenahrer Pfarrkirche blieb drei Jahrhunderte lang – abgesehen von bis dahin erforderlichen Renovierungsarbeiten – in ihrer ursprünglichen Form erhalten. Ende des 19. Jahrhunderts wurden dann tiefgreifende Erweiterungsarbeiten vorgenommen. Im Rahmen dieser Umbauten verlängerte man ab 1892 das Langhaus der Kirche, und sie erhielt ihren nördlichen Turm wie auch das südliche Querschiff. Nach dem Ersten Weltkrieg erfolgten weitere bauliche Maßnahmen. Die Schäden aus dem Zweiten Weltkrieg konnten schon im Jahre 1950 behoben werden.

Auffälligstes Ausstattungsstück der Altenahrer Pfarrkirche ist ihr barocker Hauptaltar unter dem Netzgewölbe des Chores – dieser im Jahre 1717 entstandene Altar wurde 1938 aus den alten Stücken neu strukturiert. Außerdem verfügt die Kirche über eine wertvolle Monstranz aus dem 15. Jahrhundert sowie über ein spätgotisches Kruzifix. Erwähnenswert ist auch noch der sechsseitige Taufstein aus Basaltlava aus dem 13. Jahrhundert. Von den sechs Glocken der Kirche stammen noch vier aus dem Mittelalter.

Blick durch das Mittelschiff der Abteikirche Maria Laach zur Chorapside mit dem Hochaltarbaldachin – darüber das Mosaik „Christus in der Verklärung"

Abtei Maria Laach

Benediktiner-Abtei am Laacher See

Spätgotische Pietà

Dort, wo die Eifel mit am schönsten ist, am Laacher See, steht eine der bedeutendsten Klosteranlagen des Bonner Umlandes – das Benediktinerkloster Maria Laach. Im Mittelalter zählte die Eifel noch zu den schwer zugänglichen Gebieten des Heiligen Römischen Reiches Deutscher Nation. Hier am Ostufer des Laacher Sees, dem größten, von bewaldeten Basaltkuppen uralter Vulkane umgebenen Eifelmaar, hatte der Pfalzgraf Heinrich II. eine Burg errichten lassen, deren Spuren heute noch erkennbar sind. Gemeinsam mit seiner Frau Adelheid von Meißen-Orlamünde berief er im Jahr 1093 Benediktinermönche zur Gründung eines Klosters am gegenüberliegenden Ufer des Sees. Als er 1095 starb, setzte Adelheid das großartige Werk fort.

Heinrich hatte von Anbeginn an die Kirche dieses Klosters *Abbatia Santa Mariae ad Lacum* als monumentales Bauwerk geplant, das den Vorbildern der Dome von Speyer, Mainz und Worms nacheifern sollte – hier entstand nämlich die Grabkirche der Pfalzgrafen selbst!

Das Stifterehepaar ließ den Bau des Klosters zügig vorantreiben. Als Adelheid 1100 auf einer Pilgerreise nach Rom starb, war die Grundsubstanz der Klosterkirche errichtet. Das Mauerwerk des Langhauses war doppelt mannshoch, das Mittelschiff bis zu den Scheidebögen hochgezogen, und das Querschiff fast in voller Höhe fertiggestellt – wohl, um schon behelfsmäßig als Kirche zu dienen. Nach Adelheids Tod trat zunächst eine Baupause ein, bis Pfalzgraf Siegfried die Stiftung erneuerte und somit die Mittel für den Weiterbau bereitstellte.

Unter Abt Gilbert († 1152) erfolgte die Fertigstellung der Einwölbung der Krypta, in die später das Grab Gilberts eingestellt wurde, des Lang- und Querhauses zunächst mit Flachdecke, des Westchores mit Westempore. Die Weihe der Kirche erfolgte dann durch den Trierer Erzbischof Hillin mit dem zweiten Klosterabt

INFO

Abtei Maria Laach

Am Laacher See
Information: Benediktinerabtei Maria Laach, 56653 Maria Laach
Tel.: 0 26 52 / 59 - 0 · **Fax:** 0 26 52 / 59 - 359
E-Mail: abtei@maria-laach.de · **Internet:** www. maria-laach.de
Öffnungszeiten: tagsüber
Öffnungszeiten Informationshalle: (mit 20-minütigem Kurzfilm), Ostern bis Allerheiligen sonntags von 13.00 bis 16.30, wochentags von 9.30 bis 11.00 Uhr und 13.00 bis 16.30, Allerheiligen bis Ostern sonntags von 13.00 bis 15.30 Uhr, wochentags von 10.00 bis 11.00 Uhr und 14.30 bis 16.00 Uhr
Führungen: auf Anfrage
Buch- und Kunsthandlung Maria Laach: Tel. 0 26 52 / 59 - 365, Fax 0 26 52 / 59 - 389, E-Mail: buchhandlung@maria-laach.de
Gärtnerei Maria Laach: Tel. 0 26 52 / 59 - 420, Fax 0 26 52 / 59 - 421, E-Mail: klostergaertnerei@maria-laach.de
Literatur: · Maria Laach – Landschaft, Kunst, Geschichte, Leben, Regensburg 2000

Bonner Umland

Oben: Gesamtsicht der Abteikirche

Unten: Der Baukomplex der Abtei Maria Laach

Fulbert (1152–1177). Unter seiner Regie wuchs in der dritten Bauphase der Chor zur heutigen Erscheinungsform empor. Die Nachfolger Fulberts vollendeten dann die Türme der Klosterkirche. Den Abschluss der Bauarbeiten bildete dann der zwischen 1220 und 1230 erfolgte Vorbau des Paradieses an der Westfront der Kirche. Die Einwölbung wurde offensichtlich erst später im 13. Jahrhundert vorgenommen. Damit war eines der bedeutendsten hochromanischen Bauwerke Deutschlands entstanden, das uns auch wegen seiner Stilreinheit noch so beeindruckt, denn seither wurden keine wesentlichen Veränderungen mehr an diesem Bauwerk vorgenommen.

Es war übrigens Abt Fulbert, der dem abflusslosen Laacher See, der neben unterseeischen Quellen als Zufluss nur das Beller Wiesenbächlein hat, durch Anlage eines 750 Meter langen Stollens einen ersten Abfluss schuf und damit den Seespiegel nachhaltig zum Sinken brachte, wodurch wertvolle Landwirtschaftsflächen für das Kloster am See geschaffen werden konnten. Eine weitere Absenkung wurde übrigens zwischen 1842 und 1844 vorgenommen.

Die Klosterkirche Maria Laach verkörpert das karolingisch-ottonische Konstruktionsideal von Sakralbauten. Äußerlich wird die Kirche von ihren beiden Turmgruppen im Westen und im Osten beherrscht, beide mit eigener Choranlage und durch das Langhaus miteinander verbunden. Im Inneren sind die Bauteile des Ostwerkes, des Westwerkes und des Langhauses harmonisch miteinander abgestimmt. Dieses Langhaus, gegliedert durch schwere Pfeiler mit vorgelagerten Halbsäulen, ist durch seine von skulptierten Kapitellen getragenen Gewölbe im ungebundenen System besonders bemerkenswert – damit war die Abteikirche Maria Laach konstruktiv ihrer Zeit weit voraus. Das hochromanische Bauprinzip der Kreuzgratgewölbe erforderte die gleiche Scheitelhöhe der Gewölbebögen, so dass von ihm nur quadratische Räume überspannt werden konnten. Allein die Vierung ist noch durch das quadratische Prinzip bestimmt, die vier Joche des Langhauses werden von querrechteckigen Gewölben mit gedrückten Gurtbögen überspannt und sind genauso lang wie die drei

Die Abteitürme erheben sich über den Klosterweiden

Joche im Osten des Kirchenkörpers. Daraus entsteht ein für den durch das Paradies in die Kirche eintretenden Besucher ein zum Ostwerk verkürzter, gedrungener und ganz auf den Chor konzentrierter Blickfang – eine architektonische Meisterleistung der Kirchenbaumeister!

So harmonisch und ausgewogen sich der Baukörper der Abteikirche Maria Laach dem Betrachter auch zeigt, kommt gerade hierdurch der im Laufe des Mittelalters zunehmende Gegensatz zwischen weltlicher Macht und kirchlichem Anspruch im Heiligen Römischen Reich Deutscher Nation zum Ausdruck. Traditionell war das Westwerk die „Fürstenkirche" und das Ostwerk die „Priesterkirche", wobei das verbindende Langhaus die Klostergemeinde aufnahm. Dass hier in Maria Laach das Westwerk geradezu festungshaft ausgebaut wurde, war demonstrative Opposition gegen den zunehmenden weltlichen Anspruch des Papstes.

Im Westchor der Abteikirche Maria Laach steht das Hochgrab des Stifters Pfalzgraf Heinrich II., um 1280 im frühgotischen Stil geschaffen. Es ist ein prächtiger Steinsarkophag mit Maßwerkblenden und Fresken mit einer geschnitzten Nussbaumholzgrabplatte. Der Hochaltar, eine gotische Arbeit aus dem 13. Jahrhundert, fällt dem Betrachter schon beim Eintritt in die Kirche in die

Blick auf den Altar der Krypta

Augen. Sechs kapitellgeschmückte Säulen tragen seinen Baldachin aus Tuff in Form einer durchbrochenen Kuppel – ein als Ziborium bezeichnetes „Himmelsgewölbe". Ansonsten ist durch die Säkularisierung im Jahr 1803 außer einigen großfigurigen Freskenresten an den Mittelpfeilern aus dem frühen 16. Jahrhundert fast nichts mehr von der Innenausstattung aus der Frühzeit der Kirche erhalten. Die Mosaiken in den drei Ostapsiden wurden nach Entwürfen Beuroner und Laacher Künstler erst 1911 geschaffen.

Der Zutritt zur dreischiffigen Hallenkrypta, einem der ältesten Bauteile der Abteikirche Maria Laach, erfolgt vom Querschiff seitlich des Chores. Hier wird das Vorbild des Speyerer Doms an den hohen Basen und glatten Schäften der Säulen mit ihren Würfelkapitellen besonders deutlich. In der Mitte der Krypta liegt die Grabplatte des ersten Abtes Gilbert – es ist eine Kopie, das Original ist im Rheinischen Landesmuseum Bonn zu sehen.

Das letzte Bauteil der Abteikirche Maria Laach ist das vorgesetzte Paradies. Diese

Maria Laach

Vorhalle ist ein Spätwerk deutscher Romanik, ein letzter künstlerischer Höhepunkt, denn in Frankreich begann man zu dieser Zeit bereits, gotische Kathedralen zu errichten. Es handelt sich um einen rechteckigen Wandelgang, der immer wieder wechselnde Durchblicke durch seine von Doppelsäulen getragenen Arkaden in den Innenhof frei gibt, in dem heute eine moderne, von vier Löwen getragene Brunnenschale steht. Einzigartig sind die skulptierten Kapitelle mit ihren feingliedrigen figürlichen, pflanzlichen und tierischen Motiven! Besondere Beachtung verdienen schon die Kapitellfriese beim Betreten des Paradieses durch das säulenbewährte Portal. Hier erkennen wir die sogenannten „Haarraufer", Figuren, die sich streitend in den Haaren liegen. Und man erkennt den Teufel, der die *peccata populi*, die Sünden des Volkes, notiert, damit der Kirchgänger schuldbeladen die innerliche Reinigung seiner Seele vor Betreten der Kirche vornimmt.

Die barocken Klostergebäude der Abtei Maria Laach sind übrigens bis auf einen 1775 errichteten Flügel und ein Gartenhaus aus dem 19. Jahrhundert nicht mehr vorhanden. Die heutigen Gebäude stammen aus dem 20. Jahrhundert.

Fleingliedrige Kapitellplastik der Vorhalle

Oben links: Linke Figur: Laacher Teufelchen

Oben rechts: Die sogenannte Blattmaske

Mitte links: Okeanos – der Herr der Meere

Mitte rechts: Kapitellornamentik

Unten: Löwenbrunnen im Innenhof

GLOSSAR

FACHBEGRIFFE ZU KIRCHEN UND KLÖSTERN

Altarretabel: Altaraufsatz
Apsis: meist halbkreisförmiger Abschluss des Chors
Arkade: Bogen, der von Säulen oder Pfeilern getragen wird

Baldachin: Schutzdach über Altären, Grabmalen, Statuen oder Portalen
Barock: Stil- und Kunstbezeichnung für die Kulturepoche zwischen 1600 und 1750 mit kraftvoll bewegten, ineinandergreifenden Formen
Basilika: Griechische Königshalle; im Kirchenbau mehrschiffige Kirche mit Satteldach über dem Hauptschiff und niedrigeren Pultdächern über den Seitenschiffen
Bogenfries: Ein Fries in Form eines Rundbogens

Dachreiter: Kleiner Turm über dem Dachstuhl

Ecce-Homo: "Sieh, welch ein Mensch"; Ausspruch des Pilatus – in der bildenden Kunst Bezeichnung für Christus als duldenden Heiland
Empore: Galerie für Sänger und Orgel in der Kirche
Erker: Vorspringender Anbau an der Außenwand eines Gebäudes

Flügelaltar: Altaraufsatz mit ausklappbaren, geschnitzen oder gemalten Flügeln

Fresko: Bildnisse, die auf den noch feuchten Kalkputz von Kirchenwänden aufgetragen werden
Fiale: Ziertürmchen in der Gotik
Fries: Schmuckstreifen zum Abschluss oder als Untergliederung einer Wand

Gaden: In der Architektur Bezeichnung für das Obergeschoss
Galerie: Langgestreckter Raum; Emporen und Arkadengänge werden auch Galerien genannt
Gewölbe: Bogen- oder haubenförmiger Abschluss eines Raums

Hochaltar: Zentraler Hauptaltar einer Kirche

Joch: Grundeinheit des durch Pfeiler, Säulen oder Gurtbögen gegliederten (Kirchen-) Raumes

Kanzel: Erhöhter Platz in der Kirche, von der der Priester die Predigt hält; oft von einem Deckel überdeckt
Kapitell: Abschließender kopfartiger Teil einer Säule
Kapitelsaal: Versammlungsraum in einem Kloster
Konche: halbrunder, sich in einen Nebenraum öffnender Raum
Kreuzgewölbe: Gewölbe aus zwei sich rechtwinklig kreuzenden Tonnengewölben – das einfache Kreuzgratgewölbe

unterscheidet sich vom Kreuzrippengewölbe, bei dem die Schnittkanten durch Rippen verstärkt sind

Kruzifix: Darstellung des gekreuzigten Christus

Krypta: Unterkirche, Grabraum, meist unter dem Chor gelegen, seltener auch unter dem Westwerk (siehe Bonner Münster)

Lisene: Schwach aus der Wand heraustretender senkrechter Mauerstreifen, häufig verwendetes Zierelement

Maßwerk: Geometrische Zierform im Zeitalter der Gotik, vor allem für die Ausgestaltung von Fensterbögen

Mensa: Deckplatte des Altars

Missale: Messbuch; enthält die Texte der katholischen Messfeier

Monstranz: Schmuckgerät für die geweihten Hostien

Oktogon: Gebäude auf achteckigem Grundriss

Orgelprospekt: Schauseite einer Orgel

Ornament: Sich wiederholende Zierformen am Bau

Paradies: (Atrium) – von Säulen umgebener Vorhof

Pfalz: Mittelalterliche Wohnstadt der Kaiser und Könige

Pilaster: Pfeiler, der aus einer Wand hervortritt (Halbpfeiler)

Putte: Nackte engelhafte Kinderfigur im Zeitalter der Renaissance, des Barock und des Rokoko

Quader: Behauener Steinblock

Relief: Bildhauerarbeit, bei der die Motive halbplastisch aus der Fläche herausgeschnitzt (Holz) oder herausgemeißelt (Stein) werden

Rennaissance: Stil- und Kunstbezeichnung für das 16. Jahrhundert

Risalit: Aus der Fluchtlinie hervortretender Teil eines Gebäudes

Rokoko: Stil- und Kunstbezeichnung für die Zeit des ausgehenden Barock (etwa 1720–70) mit eleganten, leichten, oft verspielten und vor allem ovalen Formen

Rosette: Mit Maßwerk stark gegliedertes Rundfenster über dem Portal

Sakramentshaus: Gehäuse zur Aufbewahrung der geweihten Hostien

Sakristei: Raum in der Kirche zum Aufenthalt der Geistlichen und zur Aufbewahrung von Kirchenbüchern und -gegenständen

Schalldeckel: Abdeckung der Kanzel

Skulptur: Bildhauerarbeit

Stuck: Werkstoff des Barock

Tabernakel: Altargehäuse für die Hostie

Tympanon: Bogenfeld über einem Portal

Vesperbild: (Pietà) – Darstellung der trauernden Maria mit dem Leichnam des Sohnes auf dem Schoß

Vierung: die Stelle, an der sich Langschiff und Querschiff einer Kirche kreuzen

Volute: Spiralförmiges Ornament

Wange: seitlicher Abschluss des Chorgestühls

Zwerggalerie: nach außen offener Gang in der Außenmauer unter dem Dachgesims

PERSONENREGISTER

Adelheid (Maria Laach) 209
Adelheid (Vilich) 79, 83
Adelheid von Meißen-Orlamünde 209
Adenauer, Konrad 117
Adolf 175
Albertus Magnus 180
Alvardis 175
Angela 152
Anno 9, 22, 71, 127, 128, 129, 135, 145, 175
Arndt, Ernst Moritz 152
Arnold 134
Arnold, Graf von Wied 71, 72, 75, 76

Bartning, Otto 103
Beethoven, Ludwig van 32, 40
Bekker, Ludwig 59, 135
Benedikt XIII. 14
Benedikt von Nursia 125
Bernacchi, Antonius 158
Bernhard von Clairveaux 121, 125
Bertrada 79, 191
Böhm, Dominikus 87, 88, 89
Böhm, Gottfried 87
Boisserée, Sulpiz 121
Brilli, Joseph Anton 40
Bruch, Tilmann von der 134
Bruno 9

Caesarius 122, 124, 125, 162
Candera, Jakob de 35, 36
Cassius 7, 8, 21, 22, 25
Castelli, Peter 93
Clemens August 12, 14, 36, 39, 53, 54, 56, 72, 76, 157
Clinton, Bill 68, 69

Cordier, Auguste von 152
Cotte, Robert de 39

Dieckhoff, August 43
Dieckmann, Bärbel 68
Dieckmann, Heinrich 84
Dietrich von Are-Hochstaden 206
Dietrich von Heinsberg 9, 91
Dörzbach, Otto 103
Droste zu Vischering, Graf Felix von 141, 143

Engelbert 6, 26, 101
Ernst der Bayer 12

Faulhaber, Hans 61
Ferdinand 6, 30, 53, 162
Ferdinand August Graf Spiegel 17
Florentius 21, 22, 25
Freiligrath, Ferdinand 152
Fridolin 131
Friedrich I. 151
Friedrich der Große 14
Friedrich der Schöne 11
Friedrich, Pfalzgraf 167
Friedrich von Are-Hochstaden 201, 205
Friedrich Wilhelm III. 17, 40
Fulbert 210

Gebhard von Truchseß 12
Geißelbrunn, Jeremias 135
Gerbert und Othiffried 145
Gerhard von Are 22, 26, 27
Gilbert 209, 212
Guzmán, Dominikus 179, 180

Personenregister

Hartmann, Johannes 24
Hatscher, Gisbert 183
Heinrich II. 8, 113, 209, 211
Helena 7
Hermann II. 9
Hermann von Wied 11, 12
Heuss, Theodor 117
Hillin 209
Hoffmannsthal, Hugo von 165
Hürten, Sepp 64, 100, 101

Irmintrudis von Myllendonck 8
Ittenbach, Franz 32

Jansen-Winkeln, Ernst 129
Johann Sigismund von Brandenburg 15
Johann Theodor 14
Johannes der Täufer 75
Johann von Boch 128
Joseph Clemens 12, 39, 91, 93

Karl IV. 11
Karl V. 11, 191
Karl Albrecht 14
Karl der Große 9, 27, 161, 191
Karl Theodor von der Pfalz 158
Koenig, Elma 155
Konrad III. 71, 83, 113
Konrad von Hochstaden 138, 201, 206
Krahn, Johannes 99
Krementz, Philippus 63
Kunigunde 198
Kuno 127

Laurentius 201
Lauxen, Nikolaus 153
Leydel, Johann Georg 115
Liszt, Franz 152
Löher, Hermann 169
Lorenz, Hans-Joachim 99
Ludwig XIV. 12, 29, 191

Ludwig der Bayer 11
Lüfthildis 161, 162, 163, 164

Margarethe 177
Marquardt 191, 192
Max Emanuel 14
Max Heinrich 35, 36, 37
Maximilian, Freiherr Waldbott von Bassenheim 157
McCloy, John 67
Mechthild von Sayn 138
Melanchton 11
Mellusius 7
Mestorff, Leonard 25
Monfort, Grignon 59
Mozart 158
Müller, Andreas 32, 155
Müller, Carl 32

Napoleon 16, 36, 83, 121
Neumann, Balthasar 54
Nikolaus von Verdun 129

O'Hara, Scarlett 67

Pechau, Jochen 104
Philipp Moritz 14
Philipp von Schwaben 205
Pilatus 54, 55, 56
Pippin 109, 191

Raaff, Anton 157, 158, 159
Rainald von Dassel 22
Rigal-Grunewald, Freiherr von 107
Rodt, Christoph 76
Roth, Johann Heinrich 40
Ruprecht 24

Salentin von Isenburg 39
Sauer, Wilhelm J. 99
Schinkel, Karl Friedrich 17, 27, 40, 84

217

Personenregister

Schöpf, Adam 55, 56
Schwegeler, Andreas 169
Simon, Nikolaus 183, 185
Simrock, Karl 152, 161
Sixtus II. 201
Sohl, Willi 104
Stimson, Arthur H. 69
Stimson, Henry L. 67, 69

Theoderich I. 205
Thomas von Aquin 180

Ulrich von Are-Nürburg 206

Waesemann, Friedrich 40
Walburga 175, 177
Walram von Jülich 11
Wartenberg, Graf 26
Wilhelm I. 188
Wolfgang Wilhelm von Pfalz-Neuenburg 15, 187

Zwirner 110

FOTONACHWEIS

Seite	Position	Autor	Bild
6		Hans Otzen	Doppelkirche St. Maria und St. Clemens, Aufgang
7		Margot Griesche	Bonner Münster, Gesamtansicht
9		Susanne Fuß	Alt-St. Martin
10		Gerda Abels	St. Johann Baptist, Skulptur
11		Siegfried Borchard	St. Peter, Beuel-Villich
12	links	Arnulf Marquardt-Kuron	Namen-Jesu-Kirche, Türme
12	rechts	Heinz Joachim	Peterskapelle, Altar
13		Hans Otzen	Kloster Nonnenwerth, Portalrisalit
15		Margot Griesche	Evangelische Kirche Flamersheim, Turm
16		Christian Griesche	Rigal'sche Kapelle, Portal
17		Christian Griesche	St. Elisabeth
18		Margot Griesche	Lutherkirche, Portal
19		Margret Schulte	Kloster Walberberg
20		Gerhild Maaß	Bonner Münster
21	links	Arnulf Marquardt-Kuron	Bonner Münster, Bild
21	rechts	Dietger Wüst	Bonner Münster, Löwensäule
22		Resi Höver-Klier	Bonner Münster, Chor mit Helenastatue
23	links	Uta Borchard	Bonner Münster, Krippenaltar
23	rechts	Siegfried Borchard	Bonner Münster, Altar an der Chortreppe
24	oben	Siegfried Borchard	Bonner Münster, Seitenaltar
24	2. von oben	Ulli Neumann	Bonner Münster, Krypta
24	2. von unten	Ulli Neumann	Bonner Münster, Fensterseite
24	unten	Ulli Neumann	Bonner Münster, Chor
25	links	Thomas Niesel	Bonner Münster, Bronzetafeln
25	rechts	Uta Borchard	Bonner Münster, Portalmosaik
26	links oben	Hans Otzen	Bonner Münster, Detail
26	links, 2. v. oben	Hans Otzen	Bonner Münster, Detail
26	links, 2. v. unten	Hans Otzen	Bonner Münster, Detail
26	links unten	Hans Otzen	Bonner Münster, Detail
26	rechts	Siegfried Borchard	Bonner Münster, Kreuzgang
27		Hans Otzen	Bonner Münster, Helenakapelle
28		Ulli Neumann	St. Remigius mit Muttergottes-Statue
29		Siegfried Borchard	St. Remigius, Statue
30	links	Michael Sondermann	St. Remigius, Gesamtansicht
30	rechts	Gerhild Maaß	St. Remigius, Hauptportal
31		Dietger Wüst	St. Remigius, Chor
32	links	Christian Griesche	St. Remigius, Innenhofansicht
32	rechts oben	Wolfgang Siedschlag	St. Remigius, Marienaltar
32	rechts unten	Hans Otzen	St. Remigius, Taufstein
33	oben	Hans Otzen	St. Remigius, Kanzelrelief
33	unten	Siegfried Borchard	St. Remigius, Muttergottes-Figur
34		Dietger Wüst	Namen-Jesu-Kirche, Altar
35	links	Dietger Wüst	Namen-Jesu-Kirche, Gewölbe
35	rechts	Dietlind Simon	Namen-Jesu-Kirche, Detail
36	oben	Arnulf Marquardt-Kuron	Namen-Jesu-Kirche mit St. Remigius
36	unten	Christian Griesche	Namen-Jesu-Kirche, Wappen
37		Michael Sondermann	Namen-Jesu-Kirche, Westfassade
38		Dietger Wüst	Schlosskapelle, Innenansicht
40		Dietger Wüst	Schlosskapelle, Fenster
41		Dietger Wüst	Schlosskapelle, Chor
42		Gerhild Maaß	Kreuzkirche, Turm
43	links	Gerhild Maaß	Kreuzkirche, Portal
43	rechts	Christian Griesche	Kreuzkirche, Fenster
44		Margot Griesche	Kreuzkirche, Blick vom Hofgarten
45	oben	Margot Griesche	Kreuzkirche, Tympanon
45	unten	Siegfried Borchard	Kreuzkirche, Gesamtansicht
46		Margot Griesche	Friedhofskapelle mit Grabsteinen
47	links	Christian Griesche	Friedhofskapelle, Eingang
47	rechts	Margot Griesche	Friedhofskapelle, Tafel
48	oben	Bertram Weiß	Friedhofskapelle, Eingangsfront
48	unten	Sabine Schmidt	Friedhofskapelle, Wappen
49		Wolfgang E. Melenk	Friedhofskapelle, Altar
50		Christian Griesche	Lutherkirche, Frontansicht
51		Christian Griesche	Lutherkirche, Portal
52		Siegfried Borchard	Collegium Albertinum mit Rhein
53		Margot Griesche	Collegium Albertinum, Skulptur
54	links	Margot Griesche	Collegium Albertinum, Innenhof
54	rechts	Dietger Wüst	Collegium Albertinum, Altar
55	oben	Siegfried Borchard	Collegium Albertinum, Gesamtansicht
55	unten links	Heinz Joachim	Collegium Albertinum, Chor
55	unten rechts	Heinz Joachim	Collegium Albertinum, Kreuzgang
56		Michael Sondermann	Kreuzbergkirche, Heilige Stiege

Fotonnachweis

Seite	Position	Autor	Bild
57	links	Simone Stein	Kreuzbergkirche, Tor
57	rechts	Hermann Graubohm	Kreuzbergkirche, Doppelkreuz
58	oben	Siegfried Borchard	Kreuzbergkirche, Gesamtansicht
58	unten	Dietger Wüst	Kreuzbergkirche, Kreuzigungsgruppe
59	oben links	Dietger Wüst	Kreuzbergkirche, Innenansicht
59	oben rechts	Wolfgang Siedschlag	Kreuzbergkirche, Kanzelfuß
59	unten	Karl-Heinz Janowski	Kreuzbergkirche, Altar
60		Dietger Wüst	Kreuzbergkirche, Heilige Stiege
61	oben links	Wolfgang Siedschlag	Kreuzbergkirche, Deckenfresko
61	oben rechts	Siegfried Borchard	Kreuzbergkirche, Deckenfresko
61	Mitte links	Dietlind Simon	Kreuzbergkirche, Gewölbefresko
61	Mitte rechts	Hans Otzen	Kreuzbergkirche, Kanzelrelief
61	unten links	Uta Borchard	Kreuzbergkirche, Orgel
61	unten rechts	Wolfgang Siedschlag	Kreuzbergkirche, Gitter
62		Dietger Wüst	St. Elisabeth, Portalansicht
63	links	Paul Brenner	St. Elisabeth, Portal
63	rechts	Paul Brenner	St. Elisabeth, Engelsfigur
64	oben	Georg Hüsing	St. Elisabeth, Figurenschmuck
64	Mitte	Georg Hüsing	St. Elisabeth, Fresko
64	unten	Georg Hüsing	St. Elisabeth, Fensterrose
65	oben links	Paul Brenner	St. Elisabeth, Kanzel
65	oben Mitte	Paul Brenner	St. Elisabeth, Marienaltar
65	oben rechts	Paul Brenner	St. Elisabeth, Taufstein
65	unten	Gerhild Maaß	St. Elisabeth, Innenansicht
66		Christian Griesche	Amerikanische Kirche
67		Peter Windhövel	Amerikanische Kirche, Gedenktafel
68	oben	Heinz Joachim	Amerikanische Kirche, Seitenansicht
68	unten	Peter Windhövel	Amerikanische Kirche, Taufstein
69		Heinz Joachim	Amerikanische Kirche, Innenansicht
70		Michael Sondermann	Doppelkirche St. Maria und St. Clemens, Innenansicht
71		Siegfried Borchard	Doppelkirche St. Maria und St. Clemens, Gesamtansicht
72		Theodor Bals	Doppelkirche St. Maria und St. Clemens, Chorpartie
73	links	Uta Borchard	Doppelkirche St. Maria und St. Clemens, Galerie
73	rechts	Sibylle Siedschlag	Doppelkiche St. Maria und St. Clemens, Detail
74	oben	Ulli Neumann	Doppelkirche St. Maria und St. Clemens, Marienbrunnen
74	unten	Sibylle Siedschlag	Doppelkiche St. Maria und St. Clemens, Grabplatten
75	oben	H. Sitzler	Doppelkiche St. Maria und St. Clemens, Madonna
75	unten links	Heinz Joachim	Doppelkiche St. Maria und St. Clemens, Altarfigur
75	unten rechts	Heinz Joachim	Doppelkiche St. Maria und St. Clemens, Orgel
76	links	Wolfgang Siedschlag	Doppelkiche St. Maria und St. Clemens, Fresko
76	rechts oben	Wolfgang Siedschlag	Doppelkiche St. Maria und St. Clemens, Fresko
76	rechts Mitte	Wolfgang Siedschlag	Doppelkiche St. Maria und St. Clemens, Fresko
76	rechts unten	Wolfgang Siedschlag	Doppelkiche St. Maria und St. Clemens, Fresko
77		Bernd Saxler	Doppelkiche St. Maria und St. Clemens, Brunnenfigur
78		Miroslav Cyrani	Pfarrkirche St. Peter
79		Christian Griesche	Pfarrkirche St. Peter, Choransicht
80	links	Siegfried Borchard	Pfarrkirche St. Peter
80	rechts	Bernd Saxler	Pfarrkirche St. Peter, Grabsteine
81	oben	Walter Schneider	Pfarrkirche St. Peter, Fenster
81	unten	Miroslav Cyrani	Pfarrkirche St. Peter, Chor
82		Christian Griesche	St. Gallus
84		Alfred Wiedenfeld	St. Gallus, Gesamtansicht
85		Heinz Joachim	St. Gallus, Chor
86		Klaus Schinke	St. Paulus
87	links	Ulli Neumann	St. Paulus, Fensterrosette
87	rechts	M. Boland-Höing	St. Paulus, Mauerwerk
88	links	Stefan Griesche	St. Paulus, Außenansicht der Fensterrosette
88	rechts oben	Ulli Neumann	St. Paulus, Innenansicht
88	rechts unten	Ulli Neumann	St. Paulus, Taufstein
89	oben	Christian Griesche	St. Paulus, Figurenschmuck
89	unten links	Stefan Griesche	St. Paulus, Figurenschmuck
89	unten Mitte	Christian Griesche	St. Paulus, Figurenschmuck
89	unten rechts	Ulli Neumann	St. Paulus, Figurenschmuck
90		Andreas J. Hofmann	Michaelskapelle mit Godesburg
91		Heinz Joachim	Michaelskapelle, Wappen
92		Gerhild Maaß	Michaelskapelle, Außenansicht
93	oben	Heinz Joachim	Michaelskapelle, Chor
93	unten	Heinz Joachim	Michaelskapelle, Altarfiguren
94		Wolfgang Siedschlag	Alt-St. Martin
95		Susanne Fuß	Alt-St. Martin, Detail
96		Doris Menge	Alt-St. Martin, Chorpartie
97	oben links	Susanne Fuß	Alt-St. Martin, Fenster des Seitenschiffes
97	oben Mitte	Wolfgang Siedschlag	Alt-St. Martin, Glasfenster
97	oben rechts	Susanne Fuß	Alt-St. Martin, Grabkreuz

Fotonnachweis

Seite	Position	Autor	Bild
97	unten	Heinz Joachim	Alt-St. Martin, Innenansicht
98		Klaus Schinke	St. Aegidius
100	oben	Andreas J. Hofmann	St. Aegidius, Eingangsfront
100	unten	Andreas J. Hofmann	St. Aegidius, Tür
101		Dietger Wüst	St. Aegidius, Innenansicht
102		Christian Griesche	Christuskirche, Turm
103		Dietger Wüst	Christuskirche, Portal
104	oben	Dietger Wüst	Christuskirche
104	unten links	Christian Griesche	Christuskirche, Mosaikdetail
104	unten rechts	Christian Griesche	Christuskirche, Kanzeldetail
105		Dietger Wüst	Christuskirche, Altar
106		Christian Griesche	Rigal'sche Kapelle, Eingangsfront
107	links	Wolfgang Siedschlag	Rigal'sche Kapelle, Seitenansicht
107	rechts	Margot Griesche	Rigal'sche Kapelle, Wappen
108		Margaret Behr-O'Hara	St. Johann Baptist, Turmpartie
109	links	Gerda Abels	St. Johann Baptist, Standfigur
109	rechts	Curd Söntgerath	St. Johann Baptist, Wappen
110	oben links	Stefan Christ	St. Johann Baptist mit Vorplatz
110	oben rechts	Stefan Christ	St. Johann Baptist, Chorpartie
110	Mitte	Stefan Christ	St. Johann Baptist, Orgel
110	unten	Dietger Wüst	St. Johann Baptist, Chor
111	links	Hans Otzen	St. Johann Baptist, Grablegungsgruppe
111	rechts oben	Margaret Behr-O'Hara	St. Johann Baptist, Relief
111	rechts Mitte	Margaret Behr-O'Hara	St. Johann Baptist, Relief
111	rechts unten	Margaret Behr-O'Hara	St. Johann Baptist, Relief
112		Wolfgang Siedschlag	St. Remigius, Königswinter, Blick über den Rhein
113		Susanne Fuß	St. Remigius, Königswinter, Sebastianus-Kreuz
114	oben	Heinz Joachim	St. Remigius, Königswinter, Portalfront
114	unten	Heinz Joachim	St. Remigius, Königswinter, Innenansicht
115		Josef Langer	St. Remigius, Königswinter, Blick vom Kirchengarten
116		Heinz Joachim	Peterskapelle
117		Oliver Weissmann	Peterskapelle, Portalsfigur
118	oben	Curd Söntgerath	Peterskapelle, Altar
118	unten	Heinz Joachim	Peterskapelle, Seitenansicht
119	links	Dietger Wüst	Peterskapelle, Wallfahrtsweg
119	Mitte	Dietger Wüst	Peterskapelle, Wallfahrtsweg
119	rechts	Dietger Wüst	Peterskapelle, Wallfahrtsweg
120		Dietmar May	Abteikirche Heisterbach, Ruine
121		Hans Otzen	Abteikirche Heisterbach, Caesarius-Denkmal
122		Dietmar May	Abteikirche Heisterbach, Apsis
123		Curd Söntgerath	Abteikirche Heisterbach, Chor
124		Karl-Heinz Janowski	Abteikirche Heisterbach, Torbau
126		Siegfried Borchard	St. Michael, Gesamtansicht
127		Olaf Abels	St. Michael, Wappen
128	oben	Ingeborg Oerter	St. Michael, Klostergebäude
128	unten	Ute Söntgerath	St. Michael, Johannistürmchen
129	oben	Gerhild Maaß	St. Michael, Innenhof
129	unten	Ute Söntgerath	St. Michael, Innenhof
130	oben	Heinz Joachim	St. Michael, Turm
130	unten links	Dr. Ferdinand Rüther	St. Michael, Anno-Schrein
130	unten rechts	Heinz Joachim	St. Michael, Chor der Abteikirche
131	links	Harald Klier	St. Michael, Statue
131	Mitte	Wolfgang E. Melenk	St. Michael, Muttergottesfigur
131	rechts	Wolfgang E. Melenk	St. Michael, Chor der Krypta
132		Karl-Heinz Janowski	St. Servatius, Turm
133	links	Josef Lülsdorff	St. Servatius, Wasserspeier
133	rechts	Josef Lülsdorff	St. Servatius, Portal
134	links	Ute Söntgerath	St. Servatius, Turm
134	rechts	Ute Söntgerath	St. Servatius, Seitenschiff
135	oben links	Heinz Joachim	St. Servatius, Innenansicht
135	oben rechts	Ulli Neumann	St. Servatius, Taufstein
135	unten	Josef Lülsdorff	St. Servatius, Skulptur
136		Ingo Firley	St. Katharina, Choransicht
137	links	Harald Klier	St. Katharina, Orgel
137	rechts	M. Boland-Höing	St. Katharina, Grabkreuz
138		Heinz Joachim	St. Katharina, Chor
139	oben links	Heinz Joachim	St. Katharina, Freske
139	oben rechts	Heinz Joachim	St. Katharina, Freske
139	unten	M. Boland-Höing	St. Katharina, Kirchenboden
140		Dr. Ferdinand Rüther	St. Agnes
141		Sylvia Werner	St. Agnes, Wetterfahne
142	oben	Siegfried Borchard	St. Agnes, Gesamtansicht
142	unten	Christian Griesche	St. Agnes, Portal
143	oben	Dietmar May	St. Agnes, Westansicht
143	unten	Heinz Joachim	St. Agnes, Innenansicht
144		Karl-Heinz Janowski	St. Pankratius
145		Christian Griesche	St. Pankratius, Glocke
146	oben	Oliver Weissmann	St. Pankratius, Chor
146	unten	Hans Otzen	St. Pankratius, Pfarrhaus
147	oben links	Curd Söntgerath	St. Pankratius, Innenhof

Fotonnachweis

Seite	Position	Autor	Bild
147	oben rechts	Curd Söntgerath	St. Pankratius, Chorpartie
147	unten links	Dietmar May	St. Pankratius, Fenster
147	unten rechts	Dietmar May	St. Pankratius, Fensterpartie
148	oben links	Horst Gensicke	St. Pankratius, Figurengruppe
148	oben rechts	Horst Gensicke	St. Pankratius, Marienstatue
148	unten links	Dietmar May	St. Pankratius, Portal
148	unten rechts	Horst Gensicke	St. Pankratius, Kreuzigungsgruppe
149	oben links	Heinz Joachim	St. Pankratius, Altar
149	oben rechts	Margot Griesche	St. Pankratius, Taufstein
149	unten links	Gerhild Maaß	St. Pankratius, Kreuzgang
149	unten rechts	Manfred Elsen	St. Pankratius, Figurenkapitelle
150		Siegfried Borchard	Kloster Nonnenwerth, Gesamtansicht
151		Hans Otzen	Kloster Nonnenwerth, Wappen
152		Hans Otzen	Kloster Nonnenwerth, Nordfront
153	links	Hans Otzen	Kloster Nonnenwerth, Skulpturen
153	2. von links	Hans Otzen	Kloster Nonnenwerth, Skulpturen
153	2. von rechts	Hans Otzen	Kloster Nonnenwerth, Skulpturen
153	rechts	Hans Otzen	Kloster Nonnenwerth, Skulpturen
154	oben	Hans Otzen	Kloster Nonnenwerth, Altar
154	unten	Hans Otzen	Kloster Nonnenwerth, Altarkreuz
155	links	Hans Otzen	Kloster Nonnenwerth, Marienmosaik
155	rechts	Hans Otzen	Kloster Nonnenwerth, Wandmalerei
156		Doris Menge	Nepomukkapelle, Dach
157	links	Heinz Joachim	Nepomukkapelle, Altar
157	rechts	Christian Griesche	Nepomukkapelle, Statue
158		Wolfgang Siedschlag	Nepomukkapelle, Gesamtansicht
159		Hans Otzen	Nepomukkapelle, Gedenktafel
160		Heinz-Günter Benden	St. Petrus, Chor
161		Heinz-Günter Benden	St. Petrus, Figurengruppe
162		Heinz-Günter Benden	St. Petrus
163	links	Heinz-Günter Benden	St. Petrus, Statue
163	rechts	Heinz-Günter Benden	St. Petrus, Taufstein
164	oben	Margot Griesche	St. Petrus, Außenansicht Chor
164	unten	Heinz-Günter Benden	St. Petrus, Fenster
165		Heinz-Günter Benden	St. Petrus, Grabkreuze
166		Peter Mugrauer	St. Martin mit Rheinbacher Ortskern
167	links	Axel Klier	St. Martin, Frontansicht
167	rechts	Christian Griesche	St. Martin, Statue
168	oben	Wolfgang Siedschlag	St. Martin, Marien-Statue
168	unten	Heinz Joachim	St. Martin, Innenansicht
169		Wolfgang Siedschlag	St. Martin, Glasfenster
170		Susanne Fuß	St. Simon und St. Judas, Außenansicht
171		Margaret Behr-O'Hara	St. Simon und St. Judas, Kanzel
172	links	Karl-Heinz Janowski	St. Simon und St. Judas mit Friedhof
172	rechts	Wolfgang Siedschlag	St. Simon und St. Judas, Taufstein
173		Heinz Joachim	St. Simon und St. Judas, Chor
174		Guenter Wehrmann	St. Walburga, Außenansicht
175		Margot Griesche	St. Walburga, Detail
176		Wolfgang Siedschlag	St. Walburga, Statue
177	oben	Wolfgang Siedschlag	St. Walburga, Skulpturenschmuck
177	unten	Heinz Joachim	St. Walburga, Skulpturenschmuck
178		Margot Griesche	Kloster Walberberg, Außenansicht
180		Gerda Abels	Kloster Walberberg, Portal
181	oben	Wolfgang Siedschlag	Kloster Walberberg, Glasfenster
181	unten	Heinz Joachim	Kloster Walberberg, Innenansicht
182		Karen Lück	Versöhnungskapelle, Innenansicht
183		Anneliese Herfkens	Versöhnungskapelle, Kreuz
184	oben	Doris Menge	Versöhnungskapelle, Gesamtansicht
184	unten	Christian Griesche	Versöhnungskapelle, Inschrift
185	links	Wolfgang Siedschlag	Versöhnungskapelle, Altarbereich
185	rechts	Christian Griesche	Versöhnungskapelle, Christusfigur
186		Christian Griesche	Evangelische Kirche Flamersheim, Seitenansicht
187	links	Dietger Wüst	Evangelische Kirche Flamersheim, Eingangsfront
187	rechts	Christian Griesche	Evangelische Kirche Flamersheim, Portal
188		Dietger Wüst	Evangelische Kirche Flamersheim, Altar
189	oben links	Christian Griesche	Evangelische Kiche Flamersheim, Kanzel
189	oben rechts	Christian Griesche	Evangelische Kiche Flamersheim, Taufstein
189	unten	Christian Griesche	Evangelische Kiche Flamersheim, Orgel
190		Elisabeth Schneider	St. Chrysanthus und Daria, Westansicht
191	links	Hans-Heinrich Abels	St. Chrysanthus und Daria, Portalsrelief
191	rechts	Hans Otzen	St. Chrysanthus und Daria, Detail
192	oben	Heinz Joachim	St. Chrysanthus und Daria, Seitenansicht
192	unten	Margot Griesche	St. Chrysanthus und Daria, Gedenktafel
193	oben	Stefan Griesche	St. Chrysanthus und Daria, Gedenktafel
193	unten	Christian Griesche	St. Chrysanthus und Daria, Fenster

Fotonnachweis

Seite	Position	Autor	Bild
194	links oben	Heinz Joachim	St. Chrysanthus und Daria, Chor
194	links unten	Christian Griesche	St. Chrysanthus und Daria, Portal
194	rechts oben	Wolfgang Siedschlag	St. Chrysanthus und Daria, Taufstein
194	rechts unten	Margot Griesche	St. Chrysanthus und Daria, Säulenfresko
195	oben links	Heinz Joachim	St. Chrysanthus und Daria, Figurenschmuck
195	oben rechts	Wolfgang Siedschlag	St. Chrysanthus und Daria, Reliefschmuck
195	unten links	Wolfgang Siedschlag	St. Chrysanthus und Daria, Figurenschmuck
195	unten rechts	Heinz Joachim	St. Chrysanthus und Daria, Figurenschmuck
196		Axel Klier	St. Peter
197	links	Dr. Ferdinand Rüther	St. Peter, Portalseite
197	rechts	Heinz Joachim	St. Peter, Skulptur
198	oben	Emil Klier	St. Peter, Altar
198	unten	Hans Otzen	St. Peter, „Heiliger Vogt"
199	oben links	Dr. Ferdinand Rüther	St. Peter, Pietà
199	oben Mitte	Margaret Behr-O'Hara	St. Peter, Muttergottes
199	oben rechts	Hans Otzen	St. Peter, Figurenkopf
199	unten	Hans Otzen	St. Peter, „Heiliges Grab"
200		Elisabeth Schneider	St. Laurentius mit Ahrweiler
201	links	Margot Griesche	St. Laurentius, Wasserspeier
201	rechts	Christian Griesche	St. Laurentius, Gewölbedetail
202	oben links	Margot Griesche	St. Laurentius, Seitenansicht
202	oben rechts	Sylvia Werner	St. Laurentius, Fenster
202	unten	Christian Griesche	St. Laurentius, Taufstein
203	oben links	Heinz Joachim	St. Laurentius, Fresko
203	oben Mitte	Hans Otzen	St. Laurentius, Fresko
203	oben rechts	Christian Griesche	St. Laurentius, Gewölbeornamentik
203	unten	Heinz Joachim	St. Laurentius, Innenansicht
204		Heinz Joachim	Maria Verkündigung, Altar
205		Margot Griesche	Maria Verkündigung, Fenster
206		Margret Schulte	Maria Verkündigung, Gesamtansicht
207	links	Wolfgang Siedschlag	Maria Verkündigung, Glasfenster
207	rechts	Wolfgang Siedschlag	Maria Verkündigung, Glasfenster
208		Heinz Joachim	Maria Laach, Altar
209		Margret Schulte	Maria Laach, Pietà
210	oben	Siegfried Borchard	Maria Laach, Gesamtansicht
210	unten	Stefan Griesche	Maria Laach, Baukomplex
211		Christian Griesche	Maria Laach mit Klosterweiden
212		Heinz Joachim	Maria Laach, Altar
213	oben links	Sylvia Werner	Maria Laach, Laacher Teufelchen
213	oben rechts	Manfred Elsen	Maria Laach, Blattmaske
213	Mitte links	Wolfgang Siedschlag	Maria Laach, Okeanos
213	Mitte rechts	Wolfgang Siedschlag	Maria Laach, Kapitellornamentik
213	unten	Heinz Joachim	Maria Laach, Löwenbrunnen